高等院校空乘专业"十三五"规划教材

# 民航客舱设备操作与管理

主　编　盛美兰　江　群

副主编　周为民

主　审　刘玉梅

中国民航出版社

**图书在版编目（CIP）数据**

民航客舱设备操作与管理/盛美兰，江群主编．
—北京：中国民航出版社，2013.8（2016.8重印）
ISBN 978-7-5128-0130-1

Ⅰ．①民…　Ⅱ．①盛…②江…　Ⅲ．①民用航空-旅
客运输-商业服务　Ⅳ．①F560.9

中国版本图书馆 CIP 数据核字（2013）第 177630 号

责任编辑：刘庆胜

**民航客舱设备操作与管理**

盛美兰　江群　主编

| | |
|---|---|
| 出版 | 中国民航出版社 |
| 地址 | 北京市朝阳区光熙门北里甲 31 号楼（100028） |
| 排版 | 中国民航出版社照排室 |
| 印刷 | 北京金吉士印刷有限责任公司 |
| 发行 | 中国民航出版社（010）64297307　64290477 |
| 开本 | 787×1092　1/16 |
| 印张 | 13.75 |
| 字数 | 307 千字 |
| 版本 | 2013 年 8 月第 1 版　2016 年 8 月第 4 次印刷 |
| 书号 | ISBN 978-7-5128-0130-1 |
| 定价 | 48.00 元 |

（如有印装错误，本社负责调换）

# "高等院校空乘专业系列教材"
# 编审委员会

主　　任：刘玉梅（中国民航科学技术研究院副院长、民航
　　　　　　　　安全技术中心副主任、中国民航消费者
　　　　　　　　事务中心主任）

副 主 任：丁国声（河北外国语职业学院院长、教授，教育
　　　　　　　　部高等学校高职高专英语类专业教学指
　　　　　　　　导委员会委员）

主任委员：盛美兰（原海南航空客舱与地面服务部副总经理）
　　　　　　王淑华（原东方航空客舱服务部副总经理）
　　　　　　王冬梅（原东方航空云南公司乘务培训部经理）
　　　　　　张　燕（南方航空培训部副总经理）
　　　　　　陈毅真（厦门航空配餐部总经理、原厦门航空空
　　　　　　　　中乘务部总经理）
　　　　　　王燕晴（厦门航空空中乘务部总经理）
　　　　　　华　敏（民航中南地区管理局客舱安全检查员）
　　　　　　梁秀荣（中国航协飞行与乘务委员会高级顾问）
　　　　　　周为民（原中国国际航空公司乘务教员）

委　　员：李　梅　照日格图　陈久奎　郁钟铭　李松林
　　　　　　李进华　刘宗瑞　刘春明　张新南　贾玉成
　　　　　　王春玲　王昆欣　刘小芹　崔永兴　陈增红
　　　　　　罗　华　于　静　刘　杰

# "高等院校空乘专业系列教材"
# 编写指导委员会

主　任：王建平

副主任：谢　苏　郝志成　罗兹柏

委　员：胡　靖　谢笑天　徐亚先　龚　锐
　　　　黄国良　唐　丽　索宏敏　郭　沙
　　　　王艳霞　胡爱英　石兴龙　励继红
　　　　陆　霞　李　君　李　永

# 出版说明

本书是在《民航客舱设备操作实务》的基础上修订而成。

《民航客舱设备操作实务》于 2011 年 7 月出版，至今已经两年，并已印刷两次。该书是高等院校空乘专业系列教材之一，作为高校应用类教材，按照相应的课程标准，以典型工作任务（岗位群）开发项目式模块化、知识性、应用型、操作性较强为特点，深受高校专业教师及专业学生的欢迎。该教材在使用过程中也发现了一些需要改进和提高的内容。为了更好地满足高等院校尤其是本科院校的专业教学需要，本书编写组对该教材进行了以下几个方面的修订：原教材名称《民航客舱设备操作实务》改为《民航客舱设备操作与管理》；在该教材的开始部分增加了"引言"，把我国民航目前机队规模以及波音 737 系列飞机和空客 320 系列飞机的集中优势做了简要介绍；把波音 737-800 机型的介绍放在该书的第一部分，使学生对机型先有基本的了解；将原有每个模块中的"三、实践操作"改为"三、知行合一"，明确了该部分的知识点；在原有每个模块中的"四、反思与探究"中取消了"反思""探究"，直接进入内容。增加的部分主要有：波音 737-800 型飞机舱门的简介；空客 320 型飞机机翼滑梯的操作；在三个项目中分别增加了分析、说明和案例等等。同时对"知识拓展"部分的内容进行了简化。通过重新修订，该教材既保持了应用类教材对设备及操作环节讲述简明直接的特点，又扩充了更多系统的专业知识。

为了保证修订教材在内容、体例上更加贴近高等院校的教学需要，编委会聘请了包头师范学院原院长初志壮研究员、贵州民族大学龚锐教授、西北师范大学高亚芳教授等专家学者对修订稿教材进行了评审，在此表示诚挚的谢意。

《民航客舱设备操作实务》出版后，承蒙广大读者的关心和支持，不少老师和学生也提出了一些宝贵的意见，在此表示感谢。希望广大读者对修订后的《民航客舱设备操作与管理》提出宝贵意见，使之不断完善，更加切合广大师生的教学需要。

《民航客舱设备操作与管理》编写组

2013 年 6 月 8 日

# 序 言

　　高等院校空乘专业系列教材是依照国家教育部、财政部实施高校教学质量和教学改革工程的指导思想编写的。教高〔2007〕1 号文件指出，要调动政府、学校和社会各方面的力量，来深化教学改革，提高教学质量。本系列教材是民航局直属科研单位权威专家、航空公司资深乘务专家、教员和高等院校经验丰富的教师多方力量精诚合作的结果。教材充分体现了新教改理念所要求的科学性、创新性、前瞻性、实用性。

　　科学性。空乘专业的目标是培养合格的空中乘务员，但如何培养却是仁者见仁，智者见智。我们在对航空公司进行大量调研的基础上，把乘务学生需要学习的课程分为知识、技巧、外语三大块，由此，教材分为三个序列。第一个序列为学科型，包括《中国民航发展史简明教程》、《民航乘务员基础教程》和《民航客舱安全管理》。其教学目标在于使学生掌握必要的民航知识，为其将来的空乘实际工作奠定扎实的理论基础；第二个序列为项目实践型，包括《民航客舱设备操作实务》、《民航客舱服务与管理》和《民航服务礼仪》，该序列教材以工作任务（或岗位群）为驱动，在若干个项目下面设若干个模块，由浅入深、循序渐进。若干个项目结合实践，为实现教学目标奠定了扎实的基础。第三个为外语序列，外语既属于知识学科，又属于技能训练，本教材侧重于技能训练，重点培养学生的听说能力。

　　创新性。主要体现在第二序列和第三序列教材上，这两个序列分别由资深乘务专家以空乘人员岗位要求为目标来编写，他们把自己多年的工作心得和培训心得融于教材之中，为了便于学生熟练操作运用，教学方法实事求是，大胆创新，不拘一格。教师在设计、引导、辅导、答疑中起向导作用。学生为提高能力而预习并模拟实践，充分体现以教师为主导、以学生为主体的教学理念。这些特点，为民航空乘专业教学历史上之首创。

　　前瞻性。空乘人员主要在客舱工作，而民用飞机在不断更新换代，对客舱安全管理和服务质量的要求也日益提高。本系列教材充分考虑到了空乘工作的这一特点，在内容设置里有所体现，比如在机型介绍方面，增加了对波音 787、空客 380 机型的介绍；在客舱安全管理方面，以国际民航组织提倡的 SMS 为理念。

　　实用性。如前所述，本系列教材的编写是建立在对用人单位大量调研的基础上，编写的指导思想和理念，序列的划分，项目的设置，知识点的选择，教学方法的选取，都以将来岗位要求为目标，以实用为原则。

本系列教材除了具备上述特点外，在编写体例上，也满足了高等教育教材系统性、完整性、规范性的要求，在章节中设有学习目标和课后思考。教材做到了理论与实际相结合，行文通俗易懂，既便于教师教授，又便于学生学习。

此系列教材从策划到出版，历经 3 年多，其间召开了 10 多次研讨会，涉及专家学者及行业管理者数十人，金通航空培训服务公司在其中起到非常重要的组织、协调作用；中国民航科学技术研究院、中国民航出版社、各航空公司及开设空乘专业的相关院校，在编写过程中给予了真诚无私的指导和帮助，在此，我们向以上单位表示衷心的感谢。

由于教材编写时间紧，疏漏和不足之处在所难免，谨恳请各位专家、各院校教师和同学们不吝赐教。

"高等院校空乘专业系列教材"编写指导委员会
2011 年 5 月

# 前　言

　　本书是"高等院校空乘专业系列教材"的项目实践序列教材之一。以波音737-800型飞机及空客320型飞机为主要机型，设置了飞机舱门及自备梯操作、客舱服务设备操作、客舱应急设备操作三个项目，项目下设若干个模块，以学习目标、工作任务、实践操作、反思与探究、巩固与拓展为基本体例。增加知识拓展以拓展学生的视野和提高其专业素养。教材图文并茂、易教易学。

　　本项目教材的突出特点是通俗实用，编写中避免了过多、过深的理论与原理的阐述，强调应用方法和技能的传授，尽可能结合实际操作引出新的知识点（"做中学、学中做"），通过反思与探究、巩固与拓展提高学生的理论深度，引导学生自主学习。每个项目模块在实践操作前，教师应布置学生自主获取相关资讯，实践操作中，引导学生合作完成训练项目，实践操作后，引导学生总结经验、发现问题、研究问题、解决问题，将自主学习、合作学习和研究学习有机地结合起来。

　　本书由具有30多年乘务工作经验的盛美兰、周为民、梁秀荣和具有丰富高校空乘专业教学经验的江群编写。由于教材编写时间紧，疏漏和不足之处在所难免，谨恳请各位专家、各院校教师和同学们不吝赐教，我们将认真对待，及时修正。

《民航客舱设备操作实务》编写组

2011 年 5 月

# 目 录

CONTENTS

引 言

　　日益发展的全球化造就了世界范围内的产业结构调整和全球性经济竞争的新形势，在这一历史性进程中，航空业已经成为 21 世纪各个国家和地区经济发展的重要驱动力。民航业作为我国经济社会发展的重要战略产业，以航空器制造、民航运输、民航服务为主干的航空经济链条，聚集并掌控了大量的人员流、物资流、资金流、技术流、信息流等优质资源，借此创造出丰富的发展机遇，进而对区域经济社会发展产生了强大的辐射效应。近几年，在这样的宏观背景和经济形势下，国内航空运输的各项主要指标均以超过 10% 的速度向前发展。

　　2012 年 7 月 8 日，《国务院关于促进民航业发展的若干意见》的出台，更标志着我国已将民航业发展纳入国家的中长期战略发展规划，给予了更为积极有效的宏观指导和政策支持。截止到 2012 年底，中国民航注册国有控股公司 36 家，民营和民营控股公司 10 家，全货运航空公司 10 家，中外合资航空公司 14 家。在册运输机共有 1941 架，通用航空在册航空器 1320 架，其中包括教练机 328 架。在 1941 架运输机中干线双通道宽体客机占 9%，全货机占 5%，支线飞机占 9%，单通道干线飞机占 77%。波音 737 系列飞机和空客 320 系列飞机是近 1500 架单通道运输机中的主要机型，它们隶属于国内 20 多家航空公司。

　　航空公司选择机型的主要标准是高安全性、高可靠性、低故障率以及低廉的成本和客舱的高舒适度。波音 737 系列飞机和空客 320 系列飞机之所以被众多航空公司青睐，占据着我国运输机 70% 以上的比例，正是因为这两种机型确实拥有能够满足航空运输企业诸多要求的优秀品质。

　　波音 737 系列飞机是美国波音公司生产的一种中短程双发喷气式客机。该系列飞机经过了近半个世纪的风雨考验，在技术上日臻完善，同时继续保持着故障率低、可靠性高、用户使用成本低等优点。该系列飞机无论是在销售业绩、飞机性能，还是在航空公司的实际使用方面的表现都相当出色，因而被称为世界航空史上最为成功的民航客机。由于波音 737 系列飞机性能优越，能够适用于国内绝大部分航线飞行，所以直到现在，它们仍然是国内大多数航空公司的主力机型，是运营效益最好的机型。截至 2012 年底，波音 737 系列飞机在中国还维持着超过 700 架的保有数量。

空中客车 320 系列飞机是欧洲空中客车工业公司研制生产的单通道双发中短程 150 座级客机，拥有单通道飞机市场中最宽敞的机身。优化的机身截面为乘客提供了最大程度的舒适性，客舱尺寸和形状为安装宽大的头顶行李舱提供了可能，不仅为客舱灵活性设定了新的标准，同时也可以加快上下乘客的速度。空中客车 320 系列飞机的"双水泡形"机身截面大大提高了货舱中装运行李和集装箱的能力，因而凭借着较宽的机身提供了无与伦比的货运能力。该系统与全球标准宽体飞机装载系统兼容，从而减少了地服设备，降低了装卸成本。总之，空客 320 系列飞机的成功奠定了空中客车公司在民航客机市场中的重要地位。本书把波音 737-800 型飞机和空客 320 型飞机的客舱设备作为教材主要学习内容，正是基于以上诸多原因。

本教材选择波音 737-800 型飞机和空客 320 型飞机的客舱设备作为主要学习内容的另一个重要原因，是因为航空公司的乘务员只要学习掌握了波音 737 机型设备的知识与操作，即可为从事复杂多变的民航服务工作打好坚实的基础，正所谓举一反三、一通百通。举例而言，针对如波音 777、747 等波音系列的其他机型，对于服务设备的相关培训只要选择其与波音 737 机型之间的差异部分即可。同样，如果乘务员有了空客 320 型飞机的训练资质，对改装的空客系列如空客 321、330、340 等机型，也只需选择机型之间差异部分训练即可。如此一来，既缩短了乘务员的培训周期，又降低了航空公司的人力资源成本。

客舱服务是一个系统的、规范的、专业的、国际化的高空作业，并非是送一份餐、递一杯水那么简单。每位乘务员为乘客提供服务需要建立在保障客舱安全的基础之上，因此，他们必须首先掌握客舱内相关设备的正确操作方法。航空公司对乘务员的培训会根据其工作年限的不同（新入职人员为新雇员培训）、晋升岗位级别的差异（普通舱升级到头等舱、乘务员晋升到乘务长等）、技术职称的不同（初级、中级、高级）、飞行航班性质的不同（国内、国际、干线、支线、极地等）、所在航空公司机型的不同以及定期完成的各类复归训练，而制定多个不同类型的相关培训课程。但每位新乘务员最初的养成培训几乎都包括对波音 737 机型和空客 320 机型的学习和实操训练。本教材依据这两种机型的相关资料（厂家提供给航空公司的机型手册），把客舱内所有的服务设施设备及应急设备的位置、功能、操作方法等以应用类教材体例编撰，是目前最为完整的以民航客舱设备操作和管理为主题的、旨在对新乘务员进行养成培训的高等院校专业必修课程教材。

伴随着我国民航事业的迅猛发展，充分利用高等院校的学养优势和资源优势，将崭新的职业生涯养成的教育理念，注入能够适应经济社会发展的全新的人才培养模式，培养出具有丰富专业知识并且掌握精湛专业技能的学生，为民航业的发展输送厚基础、宽口径、知识化、职业化，精干内行的专业人才，这正是编撰本教材的初衷。学生在本教材的引导下进行学习，将不仅增加对两种主力机型客舱设备的了解、操作与管理，更能拓宽关于航空运输机领域的知识面。同时，通过运用理论与模拟舱实训相结合的学以致用的学习方法，使学生能够充分掌握客舱服务设备和应急设备的基本操作方法，为从事民航服务与管理相关职业奠定理论基础，提高技能操作素养，为民航事业发展做出应有的贡献。

# 波音737-800型飞机概述

## 一、波音 737-800 型飞机简介

波音 737-800 型飞机是波音 737 系列中一员，新一代波音 737-800 型飞机是波音 737 系列飞机的改进型。波音 737-800 机翼的设计采用新的先进技术，不但增加了载油量，而且提高了效率，有利于延长航程。

## 二、客舱布局

波音 737－800 型飞机分为单级客舱布局和两级客舱布局：单级客舱布局座位为 189 个，两级客舱座位布局为普通舱乘客座位 159 个、头等舱 8 个。每位乘客座位上方的乘客服务系统（PSU）有单独的阅读灯和控制开关、乘务员呼叫按钮和呼叫灯、通风孔以及"请系好安全带""禁止吸烟"的信号显示灯。

客舱内共有两组厨房，分为前厨房和后厨房。厨房内配备电源和水服务系统。4 个卫生间分别在客舱前方 1 个，后部 3 个。每个卫生间内均设有抽水马桶、洗手盆、衣镜、必要的卫生用品、废品储藏柜、通风系统、呼叫系统、乘客信息系统。行李架设在座椅上方，用来存放乘客的随身行李物品和部分应急设备，行李架上有限制重量标识。

衣帽间位于飞机的前半部，内设衣物挂架及存放部分应急设备。6 个乘务员座位均为双人席，分别位于左前登机门处（L1）、左后登机门处（L2）、右后服务门处（R2）。

## 三、座椅及相关设施

经济舱每排 6 座，头等舱每排 4 座。座位上有安全带，扶手上有调节座椅靠背角度的按钮，应急出口处的靠背是固定的。座椅背后有小桌板和放置阅读物的袋子，座位下方可以存放行李物品，在靠近过道的扶手下边还设有检查行李架时的蹬踏板。

乘务员座椅由弹跳式座席、束紧式安全带、柔软式头垫等组成。无人使用时，座椅自动返回收藏位。肩带是防惯性设备，座椅不用时肩带缩回原位。肩带和安全带可以调

整，锁扣中有一释放扳手，须旋转90°才能打开。服务面板、工作灯、话筒、有明显标记的应急设备和包括氧气面罩在内的服务组件位于各乘务员座席附近。

## 四、相关数据

波音 737-800 型飞机的长度为 39.5 米，高度为 12.5 米，翼展不带翼梢小翼的飞机为 34.3 米，翼展带翼梢小翼的飞机为 35.7 米。飞机客舱宽度为 3.53 米。飞机前登机门与前服务门距离地面的高度为 2.62 米。前登机门宽 86 厘米，高 185 厘米；前后服务门宽 76 厘米，高 165 厘米；翼上出口宽 51 厘米，高 97 厘米；后登机门宽 76 厘米，高 185 厘米。后登机门与后服务门距离地面的高度为 2.74 米。

波音 737-800 型飞机最大起飞重量为 79010 公斤，最大载油量是 26020 升，最大着陆重量为 66361 公斤。波音 737-800 型飞机最大航程为 3500 公里，最大飞行高度为 12500 米，最大飞行速度为 980 公里。巡航速度 0.785 马赫（848 公里/小时）。

## 五、辅助动力装置

波音 737-800 型飞机辅助动力装置（APU）安装在飞机尾部，它是一个涡轮喷气发动机，在地面和空中都可以使用，在地面如果没有外接电源，APU 可以提供电力和引气。在空中，飞机在 17000 英尺高度，APU 可以作为后备设备提供引气。飞机的电力系统为飞机提供 115 伏交流电（AC）和 2 伏瓦直流电（DE）的电力。在地面时，也可由辅助动力系统或外动力车提供动力。客舱、厨房、卫生间均为 115 伏交流电源，如果电力系统的一个或多个发电机不能正常工作，厨房内的电源会自动切断。正常情况下，用于空调和密封的引气由发动机提供，APU 也可以用来引气。飞机的客舱温度和驾驶舱温度是由驾驶舱分开控制的。

飞机从地面起飞后，随着高度不同，气压也随之变化，当飞机飞行高度达到 11300 米时，座舱高度为 2500 米；客舱温度被自动控制在 18℃～29℃之间，也可由驾驶舱进行人工控制。

## 六、飞机舱门及出口

波音 737-800 型飞机客舱共有 4 个地板高度出口的舱门。位于飞机左侧前、后部两个登机门是插入式舱门，向内开门，向外推门。前登机门为了开启方便带有弹力装置。服务门位于飞机右侧的前、后部。客舱共有 4 个非地板高度出口，分别位于中部左、右两侧。客舱两侧每隔 20 英寸设置一个机窗，机窗上有遮阳板，向下滑动关上遮阳板，向上滑动打开遮阳板，应急出口处的两块遮阳板开关方向则相反。

## 七、波音737 型飞机基本数据

| 型号 | B737-300 | B737-400 | B737-700 | B737-800 |
|---|---|---|---|---|
| 机长（米） | 33.4 | 36.4 | 33.6 | 39.5 |
| 机高（米） | 11.1 | 11.1 | 12.5 | 12.6 |
| 翼展（米） | 28.9 | 28.9 | 34.3 | 34.3 |
| 最大起飞重量（公斤） | 61234 | 63050 | 70080 | 79010 |
| 最大飞行高度（米） | 11278 | 11278 | 12250 | 12500 |

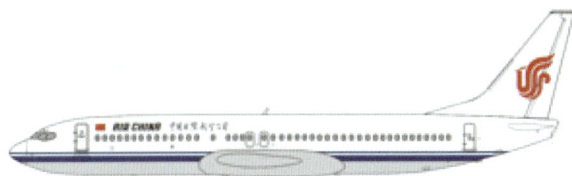

波音737-800（167个座位）

头等舱：1~2排；8个座位
经济舱：3~29排；159个座位

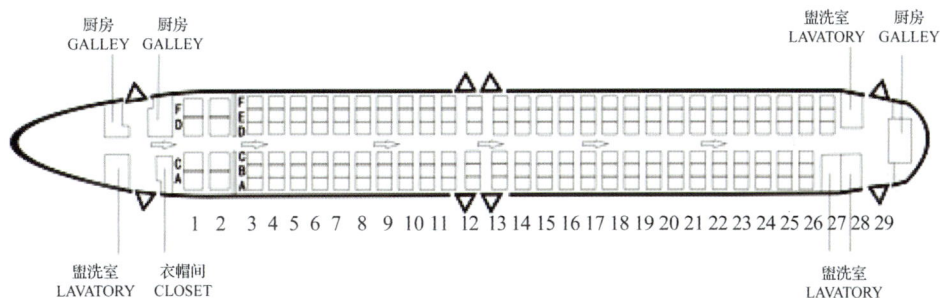

厨房 GALLEY　厨房 GALLEY　　　　　　　　　盥洗室 LAVATORY　厨房 GALLEY

盥洗室 LAVATORY　衣帽间 CLOSET　　　　　　　盥洗室 LAVATORY

1 2 3 4 5 6 7 8 9 10 11 12 13 14 15 16 17 18 19 20 21 22 23 24 25 26 27 28 29

# 项目一
# 飞机舱门及自备梯

## 项目提示

飞机舱门完全不同于其他交通运输工具如火车、汽车的门，无论从结构还是操作方式。由于飞机客舱是密封增压客舱，飞机在空中飞行时舱门和机体的机身结构一样承受巨大的压差所产生的压力。舱门操作不当所产生的后果可想而知。因此航空公司的乘务员必须在经过严格训练、教员带飞、有独立工作资格后才能操作舱门的开关。

安排每六个同学组成一个乘务组，以乘务组的形式进行项目实训：在乘客登机前进行舱门检查，确保舱门、自备梯正常，处于待用状态；乘客登机后能正确关闭舱门，操作滑梯预位；飞机降落后能正确解除滑梯预位，操作舱门及自备梯。

# 模块一 波音737-800型飞机舱门结构及操作方法

## 一、学习目标

1. 了解舱门结构；
2. 掌握舱门操作程序；
3. 能熟练打开或关闭舱门；
4. 能熟练操作滑梯预位和解除滑梯预位。

## 二、工作任务

严格按规范操作舱门，起飞前接受机长指令，关闭舱门并操作滑梯预位；飞机降落后接受机长指令，解除滑梯预位并打开舱门。

（1）关闭舱门；
（2）操作滑梯预位；
（3）解除滑梯预位；
（4）打开舱门。

## 三、知行合一

### （一）认识舱门

波音737-800型飞机上有四个操作方式相同的机舱门，分别称为登机门和勤务门。在机头方向左侧的舱门为登机门，供乘客和工作人员上下飞机使用。在机头方向右侧的舱门为勤务门，供装卸机上服务用品、食品和日常勤务使用。四个机舱门都可以作为紧急情况下的出口。如图1.1.1所示。

波音737-800型飞机的舱门由红色警示带（滑梯预位标志带）、观察窗（机门窗）、舱门控制手柄、辅助手柄、滑梯包、滑梯杆、滑梯杆挂钩、阻拦绳、阵风锁等部分构成。如图1.1.2至图1.1.4所示。

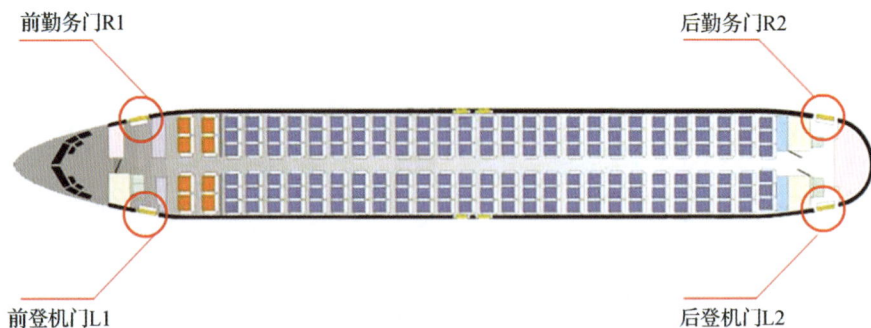

前勤务门R1

后勤务门R2

前登机门L1

后登机门L2

图 1.1.1 波音 737-800 的四个舱门

机舱门

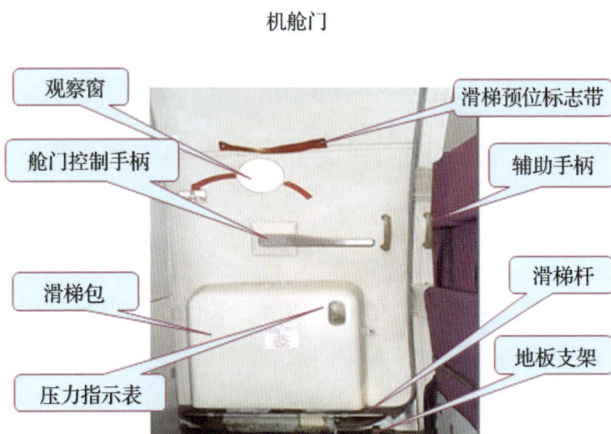

观察窗

滑梯预位标志带

舱门控制手柄

辅助手柄

滑梯包

滑梯杆

压力指示表

地板支架

图 1.1.2 波音 737 的舱门结构

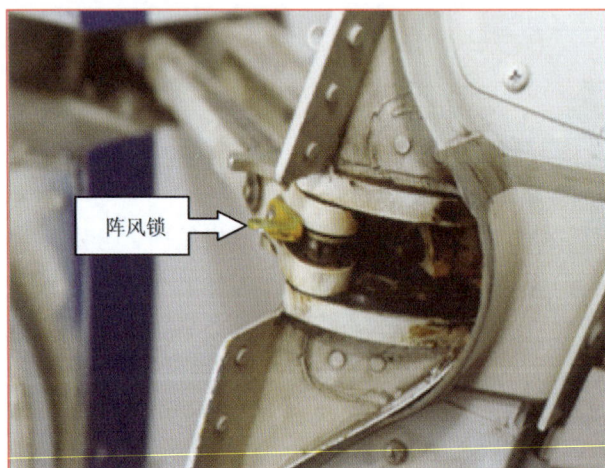

阵风锁

图 1.1.3 阵风锁

图 1.1.4　阻拦绳

## （二）舱门结构及功能

红色警示带（滑梯预位标志带）：用于提示滑梯杆和地板支架是否连接，滑梯杆和地板支架相连接时红带子（警示带）斜挂于舱门观察窗处，提示舱门外人员不能打开舱门；

观察窗（机门窗）：用于观察飞机的外部情况，从而确定是否可以打开舱门；

舱门控制手柄：是操作舱门的开关手柄；

滑梯包：是应急滑梯的存放处，在正常情况下滑梯压力指示表指针应指向绿色区域；

黄色阻拦绳：位于每个舱门左侧门框内侧，如果在舱门开启的情况下无客梯车或廊桥对接，需要挂起安全警示带起到提醒警示的作用；

阵风锁：位于每个舱门与机体的连接杆上，用于舱门开启后的锁定。

## （三）内部关闭舱门

1. 关闭程序

（1）将黄色阻拦绳收回扣好；

（2）确认舱门内外无障碍物；

（3）按住阵风锁，待舱门拉动后再松开；

（4）握住舱门辅助手柄，将舱门拉回至舱内；

（5）将舱门控制手柄顺时针方向旋转180°，把舱门关好；

（6）确认舱门是否密封，没有任何夹杂物。

2．操作滑梯预位

（1）将滑梯预位标志带斜扣在舱门观察窗前；

（2）将滑梯杆从舱门挂钩上取下；

（3）将滑梯杆扣在地板支架内。

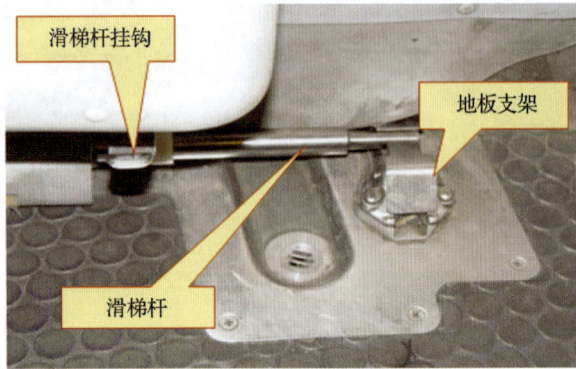

图 1.1.5　地板支架和舱门挂钩

### （四）内部打开舱门

1．开舱门程序

（1）确认滑梯杆在舱门挂钩上（解除预位）；

（2）确认舱门外无障碍物；

（3）旋转门把手至逆时针方向 180°；

（4）向外推至舱门与机身平行，直至舱门被阵风锁锁住。

2．解除滑梯预位

（1）将滑梯杆从地板支架上取下；

（2）将滑梯杆挂在舱门挂钩上；

（3）将滑梯预位标志带平扣在舱门观察窗上方。

图 1.1.6 为从机舱内部打开舱门示意图。

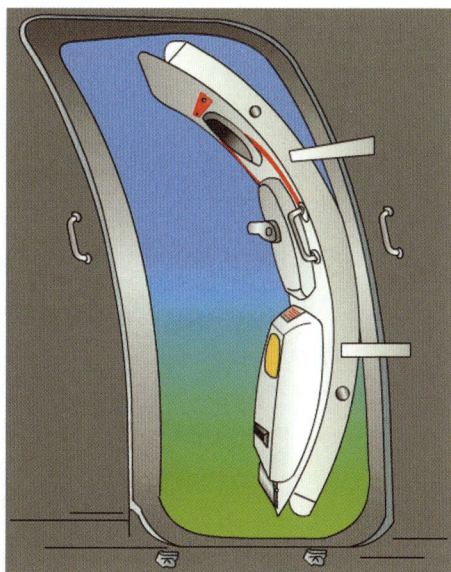

图 1.1.6 从机舱内部打开舱门示意图

## （五）外部打开和关闭舱门

1. 外部打开舱门

（1）确认舱门外无障碍物；

（2）从观察窗处确认滑梯预位标志带没有斜挂于观察窗前；

（3）向外拉出外部控制手柄；

（4）将手柄沿"OPEN"方向旋转180°；

（5）将舱门向机头方向拉到全开位，直至被阵风锁锁住。

图 1.1.7 为从外部打开舱门示意图。

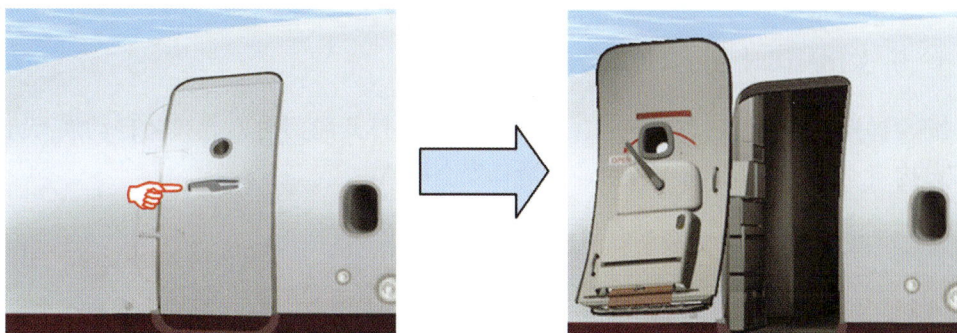

图 1.1.7 从外部打开舱门示意图

2. 外部关闭舱门

（1）将阻拦绳收回；

（2）确认舱门内、外无障碍物；

（3）按下阵风锁并保持，待舱门拉动后再放开阵风锁；

（4）将舱门推回至舱内；

（5）将舱门外部控制手柄拉出逆时针方向 180°，将舱门关好，将手柄复位至与舱门平齐；

（6）检查舱门密封状况，确认舱门没有夹杂物。

图 1.1.8 为从外部关闭舱门示意图。

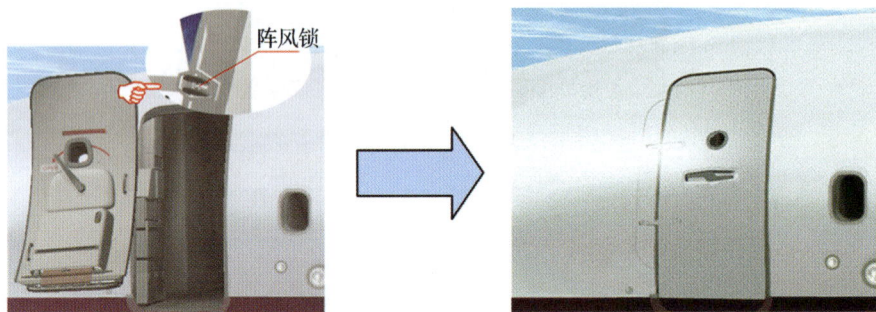

图 1.1.8　从外部关闭舱门示意图

警告：前门向客舱内移动时的速度和力量很大，关门时手不要放在门的边缘，外部手柄转动的同时内部手柄也随着转动，应缓慢转动外部手柄以避免内部手柄的快速或突然移动造成人员受伤。

## 四、反思与探究

### （一）关闭舱门时为何要操作滑梯预位

将滑梯操作到预位状态，一旦发生紧急情况，打开舱门时，滑梯会自动展开并在 5～7 秒内自动充气完毕，乘客方可通过滑梯安全撤离。

### （二）打开舱门时为何要解除滑梯预位

飞机正常落地停稳后，就要解除滑梯预位，否则打开舱门时，滑梯会自动充气，如果机舱门外有人就会受到伤害，也会给航空公司造成重大经济损失。

**（三）飞机起飞前如何关闭舱门**

报告机长，得到允许，方可关门：乘务长通过客舱广播系统下达"滑梯预位"指令；各号位乘务员依照乘务长指令"操作滑梯预位"，并相互检查；各舱门滑梯预位后，乘务员依照乘务长指令，通过内话系统报告滑梯预位情况；乘务长报告机长滑梯预位情况。

**（四）航班到达时如何打开舱门**

飞机到达停机位，"系好安全带"指示灯熄灭后方可开门：乘务长通过客舱广播系统下达"解除滑梯预位"指令；各号位乘务员依照乘务长指令"解除滑梯预位"，相互检查；各门解除滑梯预位后，乘务员依照乘务长指令，通过内话系统报告解除滑梯预位情况；乘务长报告机长解除滑梯预位情况；打开客舱灯光；得到地面人员的开门许可后，两人监控开启舱门，确认客梯/衔接廊桥对准飞机后，方可让乘客下机。

**（五）如何确认飞机舱门已经关闭**

驾驶舱有 4 个舱门标识灯，在关闭舱门后如果舱门标识灯还亮着，表示该对应的舱门没有关好，必须打开重新关闭。

## 五、巩固与拓展

**（一）波音 737 型飞机舱门简介**

波音 737 型飞机舱门是纯粹的机械系统，舱门虽然不大但构造复杂，内部机构很多，主要有作动机构、姿态轨迹控制机构、锁定机构、缓冲机构，另外还有一些功能部件，如阵风锁、定位部件等。复杂的设计主要源自于波音 737 飞机的舱门是一种堵塞型舱门，其特点是内表面尺寸大于外表面尺寸，这会有利于机舱增压时的安全，但不便于向外开门，也就是说，向外开舱门时比较费劲吃力。开启舱门有四个步骤：（1）舱门解锁，使舱门与门框脱离；（2）舱门向舱内后退；（3）向外推舱门使之翻转打开；（4）舱门接近全开时，舱门与机身趋于平行，防止相碰。如图 1.1.9 所示。

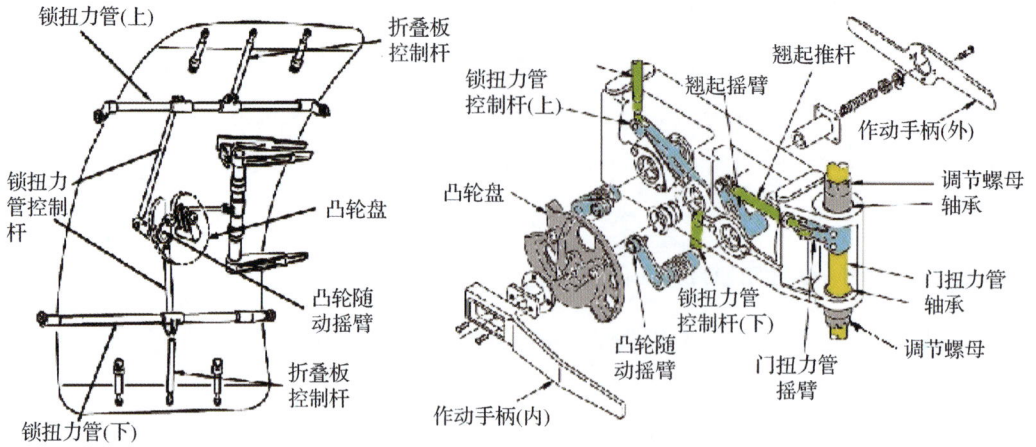

图1.1.9　波音737型飞机舱门结构图

　　如舱门处在关闭位，当座舱压差大时，主要靠压差保持舱门在关位，但在地面停放、滑行、非增压飞行时（如飞机在起飞降落阶段），舱门主要靠锁定机构来保持关位。锁定机构由四个滚轮和锁槽，以及带动滚轮的锁扭力管组成，如图1.1.10。简单地说，就是四个锁槽在门框上、四个滚轮在舱门上，当舱门关闭时，舱门操作手柄带动锁扭力管后带动滚轮进入锁槽，使舱门与门框严密合缝，达到锁定的效果。如图1.1.11和图1.1.12所示。

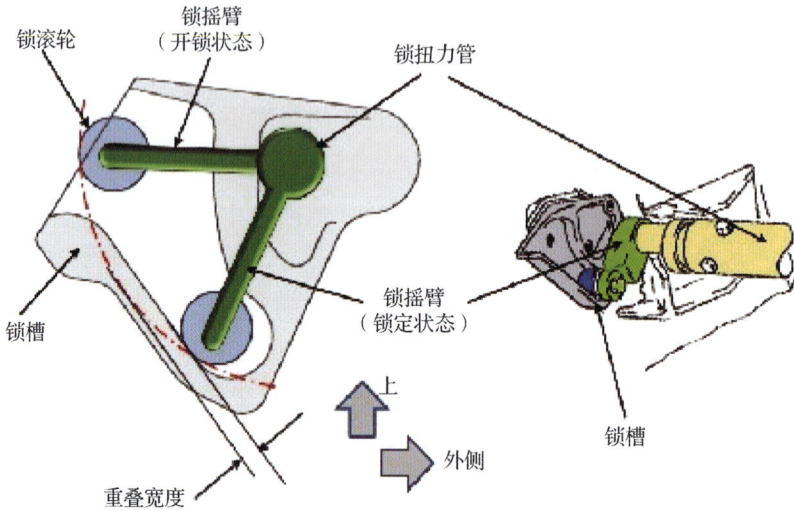

图1.1.10　舱门锁槽及锁滚轮图

在门框上的
舱门锁槽

图 1.1.11　锁槽

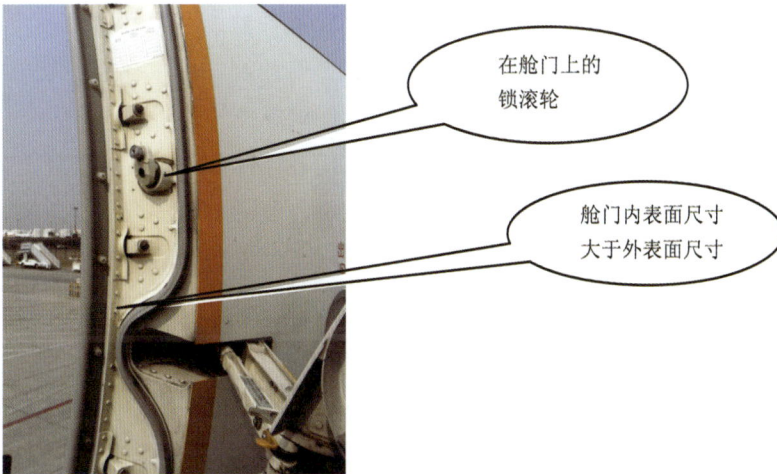

在舱门上的
锁滚轮

舱门内表面尺寸
大于外表面尺寸

图 1.1.12　锁滚轮

　　舱门开关会有无数次，控制舱门运动的调节点共 11 种 18 个点，这里不做详细介绍。如果乘务员在操作舱门时发现有不正常现象，如开舱门时有异常声响，关舱门时不能操作到位，舱门运动过程阻力明显偏大，阵风锁无法锁定或开启等必须报告机长，然后由机务工程维修人员及时处理。

### （二）案例分析：乘务员操作滑梯失误造成滑梯非正常充气

案例一

2006 年 1 月 4 日，某航空公司执行（福州—郑州）航班。飞机在郑州机场落地停稳后，乘务长发出"操作舱门分离器，滑梯解除预位"的指令，乘务长先后接到中舱和后舱"L2、R2、L4、R4 滑梯解除预位、交叉检查"的报告，廊桥对接好后开门。在乘客下机过程中，有地面人员告诉乘务长后舱 R4 门滑梯充气放出。乘务长立即报告了机长。乘客下机完毕后，乘务长确认了 R4 门滑梯在预位状态。经了解，L4 门由 2 号乘务员（带飞教员）操作，R4 门由乘务学员操作，交叉互检时只确认了手势，而未认真核实门的状态，在打开舱门时导致滑梯充气。

此次事件的责任在于带飞教员，因为航空公司规定正在带飞中的乘务学员造成操作滑梯失误由教员承担全部责任。

案例二

2005 年 4 月 7 日，某航空公司飞机执行大连—名古屋航班，飞机在名古屋落地并完全停稳后，主任乘务长下达"客舱乘务员请注意，操作舱门分离器解除预位"的口令，各号位乘务员按照区域划分分别进行操作。这时，驾驶舱告诉主任乘务长 L4 门舱门已经打开。同时，后舱乘务长从后舱打电话报告主任乘务长"L4 门滑梯充气"。主任乘务长随即将情况报告机长。乘客下机后，机长与主任乘务长马上到后舱查看情况，见到滑梯已完全充气。经了解，后舱乘务长在飞机停稳后，但还没有解除滑梯预位的情况下试图将舱门开启一条小缝，拽出被滑梯包压住的地毯。当她试图抬起门把手时，舱门就自动弹开，造成滑梯充气。

根据以上两个案例思考以下问题：

1. 找出上述两个案例中哪个操作环节出现了问题。

2. 滑梯充气后会造成哪些后果？

3. 如何避免滑梯充气？

**思 考 题**

1. 起飞前关闭舱门时为什么要操作滑梯预位？如何操作滑梯预位？

2. 打开舱门前为什么要解除滑梯预位？如何解除滑梯预位？

3. 操作训练：

（1）在客舱内打开机门。

（2）在客舱内关闭机门。

（3）滑梯预位，解除预位。

# 模块二　波音 737 型飞机自备梯

## 一、学习目标

1. 了解自备梯的作用；
2. 掌握自备梯操作要点；
3. 掌握打开或收好自备梯程序；
4. 掌握自备梯的使用限制。

## 二、工作任务

严格按照自备梯操作规范使用自备梯，不符合条件绝不能使用自备梯。

（1）打开自备梯；

（2）收好自备梯。

## 三、知行合一

### （一）认识波音 737 型飞机自备梯

波音 737 型飞机自备梯如图 1.2.1 所示。

图 1.2.1　波音 737 型飞机自备梯

波音737型飞机的自备梯位于L1门下方机腹处，是不依赖机场地面设备而给乘客提供上下飞机便利的设备。此自备梯是电动操作的，并且从飞机内部或外部都可加以控制，收放自如。

自备梯设备由内部控制板、外部控制手柄、平台、折叠伸缩式梯子、固定扶手、伸缩扶手杆、阶梯灯、伸缩扶手杆固定锁等部分组成。

**（二）操作自备梯**

自备梯操作系统位于L1门乘务员操作面板处。

1. 从客舱内部打开自备梯

图1.2.2为从客舱内部打开收起自备梯示意图。

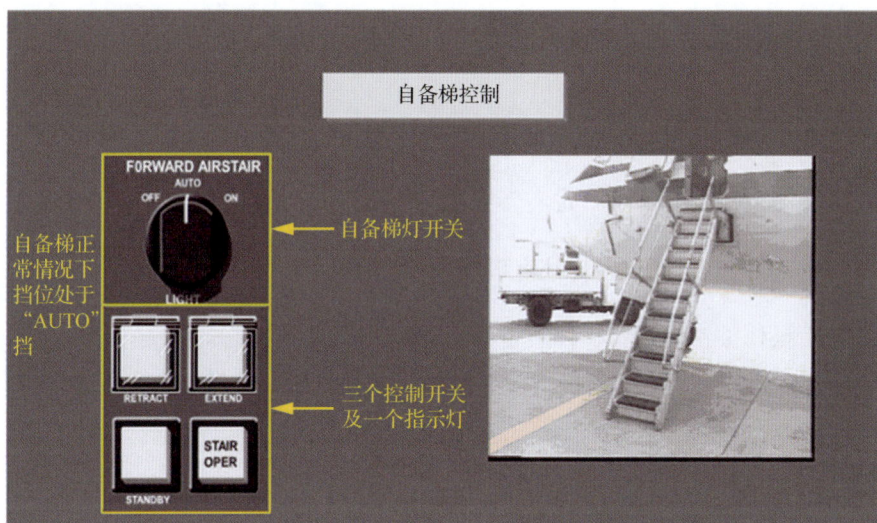

图1.2.2　从客舱内部打开收起自备梯示意图

（1）将舱门打开；

（2）按住前L1门乘务员操作面板上的"EXTEND"放出键，同时"STAIRS OPERATING"琥珀色工作灯亮；

（3）自备梯完全放出，"STAIRS OPERATING"琥珀色工作灯熄灭；

（4）松开扶手上的锁定机构，拉出两侧的伸缩扶手杆；

（5）将扶手固定在舱门两侧的锁扣上。

2. 从客舱内部收起自备梯

（1）将固定在门框两侧锁扣上的扶手松开。

（2）将两个伸缩扶手杆复原到固定手扶杆上。

（3）确认自备梯上无任何物体。

（4）按住前 L1 门乘务员操作面板上的"RETRACT"收回键，同时"STAIRS OP-ERATING"琥珀色工作灯亮。

（5）自备梯完全收回，"STAIRS OPERATING"琥珀色工作灯熄灭。

注意：当飞机没有电源时，可通过机组驾驶舱的仪表板上的电平开关放到"开"位后，乘务员可使用 L1 门操作面板上的"STANDBY"键。操作方式：放出自备梯时双指同时按住"EXTEND"和"STANDBY"键，收回自备梯时双指同时按住"RE-TRACT"和"STANDBY"键。

（自备梯操作见 CBT 视频。）

## 四、反思与探究

### （一）自备梯在什么情况下禁止使用

（1）当地面有障碍物时；

（2）舱门没有打开时；

（3）风速超过 74 公里/小时时。

### （二）从客舱内部打开自备梯注意事项

（1）按下操作按钮时自备梯伸展姿态：

自备梯是由两部分折叠式组成，放出时自备梯下半部分伸展直至与上半部分完全对接吻合。

（2）操作自备梯扶手时间：

在"STAIRS OPERATING"灯熄灭，自备梯放置稳妥后。

（3）自备梯使用时间：

在检查确认自备梯放置稳妥、滑梯扶手杆连接到位后方可让乘客下机。

伸缩扶手杆固定锁扣
（门框两侧）

图 1.2.3　自备梯固定锁扣位置

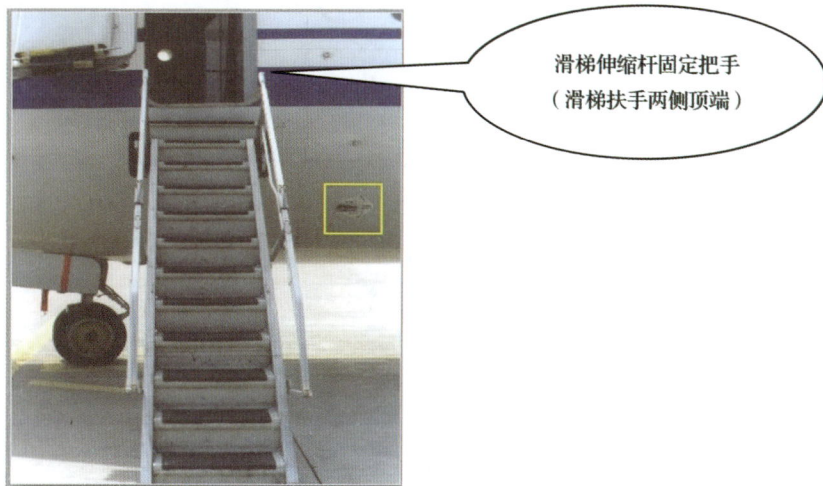

滑梯伸缩杆固定把手
（滑梯扶手两侧顶端）

图 1.2.4　自备梯固定把手位置

## 五、巩固与拓展

从飞机外部打开自备梯的步骤：

（1）将手柄拉出来。

（2）按下手柄中央的按钮，将手柄松开。

（3）顺时针反向转动手柄，自备梯将伸开放出。

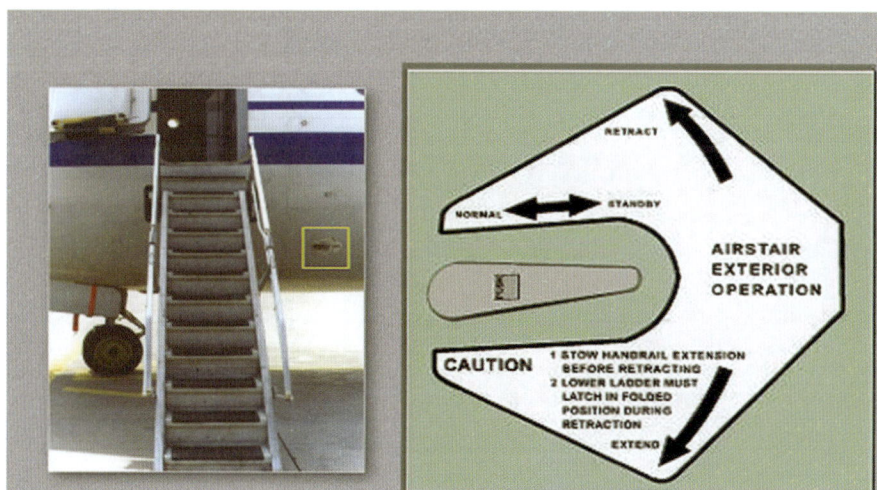

图 1.2.5　自备梯外部控制面板

思 考 题

1. 自备梯在什么情况下不能使用?

2. 在客舱内部打开自备梯有哪些注意事项?

3. 在客舱内部放下和收起自备梯的操作程序。

## 模块三 空客 320 型飞机舱门结构及操作方法

### 一、学习目标

1. 了解空客飞机舱门；
2. 掌握舱门操作程序；
3. 能熟练打开或关闭舱门；
4. 能熟练操作并解除滑梯预位。

### 二、工作任务

严格按规范操作舱门，起飞前接受机长指令，关闭舱门并操作滑梯预位；飞机降落后接受机长指令，解除滑梯预位并打开舱门。

（1）关闭舱门；

（2）操作滑梯预位；

（3）解除滑梯预位；

（4）打开舱门。

### 三、知行合一

#### （一）认识空客 320 舱门

空客飞机舱门与波音飞机舱门有很大区别，无论是舱门构造还是开关舱门形式。如波音飞机开舱门的程序是由打开舱门手柄后舱门首先向里与门框脱开，然后向外左（右）侧翻开。而空客飞机的舱门是打开舱门手柄后，舱门与机体向外脱开，然后往左（右）侧平移。相对而言，操作空客飞机舱门比波音飞机舱门更加省力、方便。

空客 320 型飞机的舱门位置如图 1.3.1 所示。

空客 320 型飞机备有"Ⅰ"型门 4 个。"Ⅰ"型门在机舱里有一个开门机构，开门时向上提起。在紧急情况下，所有的门都可以做紧急出口使用。L1、L2 是登机门，主要作为乘客上下飞机用，其中 L1 门为主要登机门。R1、R2 是服务门，主要供装卸食品车和清洁车使用。

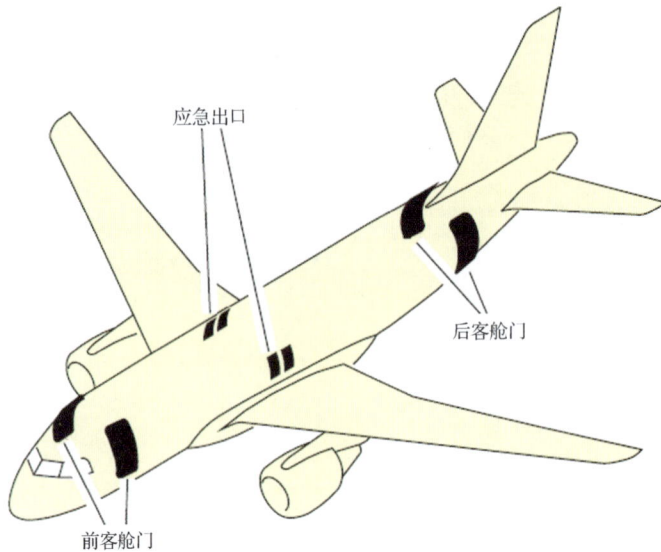

图 1.3.1　空客 320 的舱门位置

空客 320"I"型门由滑梯包、安全销、舱门手柄、舱门（观察）窗、辅助手柄、舱门状态指示牌、舱门支撑臂、阵风锁、安全销存放插孔、分离器组件组成。如图1.3.2 所示。

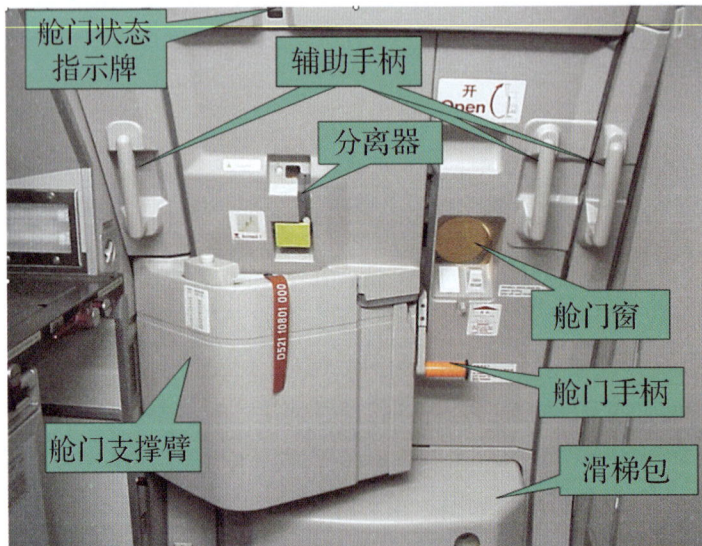

图 1.3.2　空客 320"I"型门结构图

1. 安全销

当分离器处于人工位时，插入安全销，阻止滑梯充气。如图 1.3.3 所示。

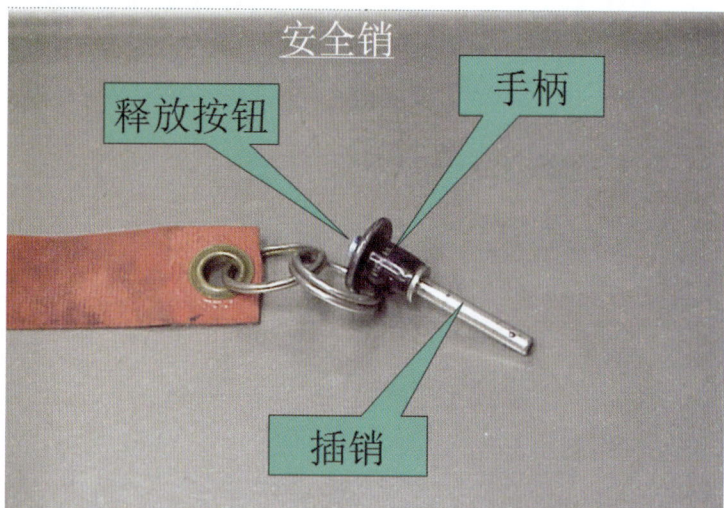

图 1.3.3　安全销

2. 舱门操作手柄

舱门操作手柄用于打开和关闭舱门。

3. 舱门锁定指示器

如图 1.3.4 所示，舱门锁定指示器位于舱门上部，可以显示舱门开关状态。

——UNLOCKED：红色，舱门未锁定；

——LOCKED：绿色，舱门已锁定。

图 1.3.4　舱门锁定指示器

**4. 阵风锁解除按钮**

阵风锁解除按钮位于舱门支撑臂上，阵风锁在舱门全开位置时，能锁定舱门。如图 1.3.5 所示。

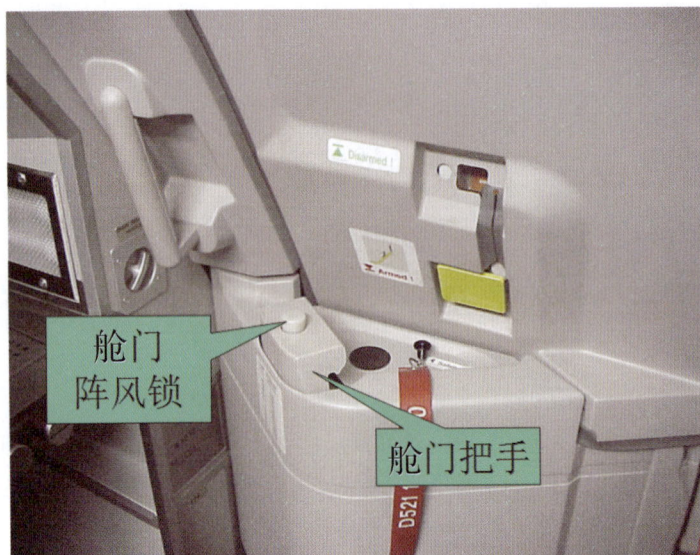

图 1.3.5　舱门阵风锁

**5. 观察窗**

观察窗位于舱门中部，直径约 15 厘米。如图 1.3.6 所示。

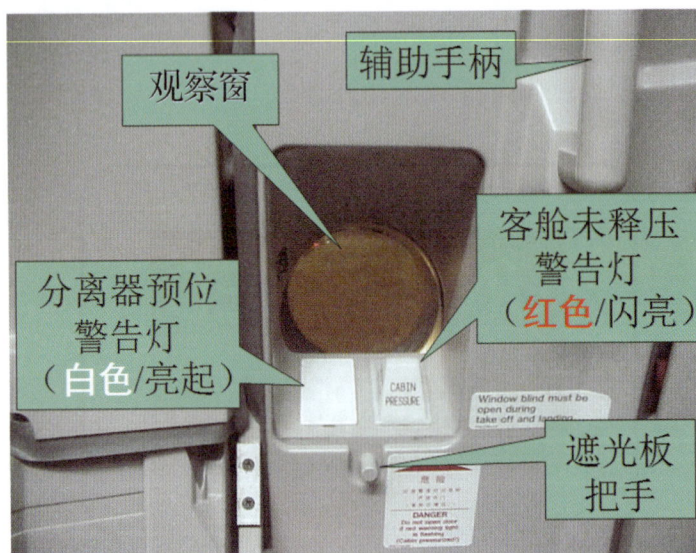

图 1.3.6　观察窗

6. 警告灯

（1）CABIN PRESSURE（客舱未释压警告灯）：红色，三角形凸起。当发动机已关闭，滑梯预位已解除，但客舱内外压差没有完全解除时闪亮。

（2）SLIDE ARMED（滑梯预位警告灯）：白色，平面长方形，当滑梯预位，拉动舱门控制手柄时警告灯亮起。

7. 舱门操作手柄

内部手柄：舱门中部；

外部手柄：手柄槽内，底部有手柄松锁板（PUSH HERE）。

8. 阻拦绳

门框一侧有阻拦绳，是一条黄黑相间的布带，可收回至门框一侧内，使用时拉出，挂在另一侧门框内的挂钩上。当舱门打开后，舱门外无任何衔接物，必须挂上阻拦绳，关门前必须收回。

9. 滑梯分离器

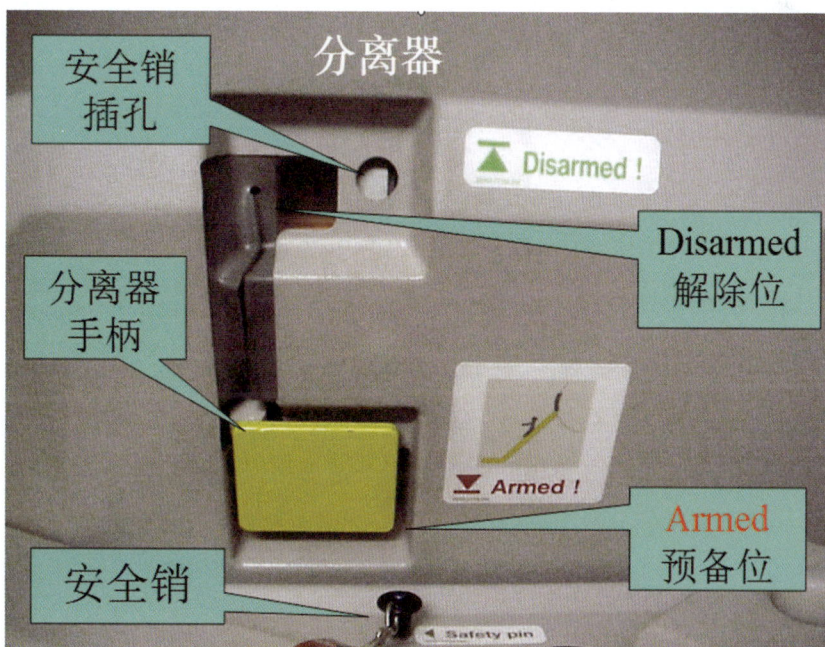

图1.3.7　滑梯分离器

滑梯分离器位于舱门中部，由下面几部分组成：

（1）手柄：端部为黄色或灰色；

（2）安全销：顶部有释放按钮；

（3）警示带：红色；

（4）手柄位置指示牌：

——ARMED：滑梯预位，红色；

——DISARMED：滑梯解除预位，绿色。

（5）分离器观察窗：

——红色：滑梯预位；

——绿色：滑梯解除预位。

### （二）内部关闭舱门

（1）按住阵风锁按钮；

（2）一手抓住辅助手柄，一手向后拉门；

（3）当舱门对正门框时向内拉门并压下舱门操作手柄直至关闭；

（4）确认舱门指示牌位于锁定状态（LOCKED）；

（5）确认舱门完全关闭，没有任何夹杂物。

### （三）滑梯预位操作

（1）按住安全销顶部释放按钮，将安全销拔出，插入安全销存放孔内，展平警示带；

（2）向下按住分离器手柄直至与舱门平齐。

注意：如果分离器手柄处在 ARMED（预位）位置时，从外侧开门，手柄将自动回到 DISARMED（解除预位）位置。

### （四）解除滑梯预位

（1）向上抬起分离器手柄至与舱门垂直；

（2）按住释放按钮取出安全销，并插入安全销孔内，把警示带垂放在手柄上（或与手柄平行）。

### （五）内部打开舱门操作

（1）确认释压警告灯未闪亮；

（2）确认分离器手柄在解除位（DISARMED）；

（3）确认舱门外无障碍物；

（4）向上开启舱门操作手柄时，确认分离器预位警告灯未亮；

（5）然后将舱门操作手柄向上开启；

（6）将舱门向外推到全开位，直至被阵风锁锁住。

注意：一旦发现释压警告灯闪亮，停止开门并报告机长（一个整体阻尼器限制舱门的打开速度）。

操作舱门分离器注意事项：

在紧急情况下不管是乘客还是机组人员，每个应急出口都是紧急撤离时的逃生出口，所以每个人都应具有强烈的责任心和安全意识，严格按照规定程序操作分离器，确保万无一失。

（1）当乘务长发出"各舱门滑梯预位或解除预位"指令时，操作人、检查人必须到位，检查人必须按照检查单内容逐行读出，并对操作人的操作动作进行逐项监督检查；

（2）操作人在操作时必须按照检查人读出的检查单内容逐项进行操作，并复述其内容；

（3）操作完毕，两人再次确认分离器是否预位或解除预位，真正做好眼到、手到、口到；

（4）交叉检查责任必须落实到位；

（5）开门前再次确认解除预位操作准确无误，宁慢三分，不抢一秒。

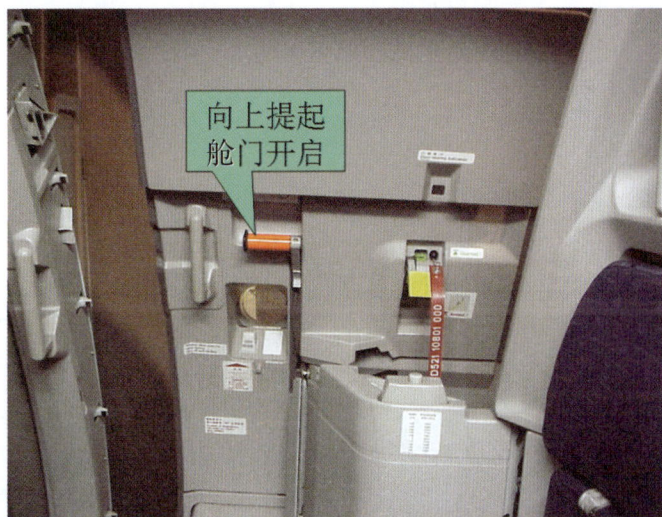

图1.3.8 从内部打开舱门示意图

## 四、反思与探究

### （一）如果要再次开启舱门如何处理

舱门再次开启时应执行如下程序：乘务长报告机长，以取得机长许可（或在机长的直接指令下）；乘务长使用机舱广播系统通知乘务员解除滑梯预位；开启舱门前必须两人监控操作；再次关闭舱门时，执行舱门关闭程序。

### （二）应急撤离时如何开启舱门（"I"型门）

检查滑梯在预位位置；握住门框上的辅助手柄；将舱门操作手柄用力向上开启，将舱门向外推到全开位，直至被阵风锁锁住。

注意：气动助力开门失效时，人工推开客舱门。

（见视频：空客320型飞机的舱门操作。）

## 五、巩固与拓展

### （一）外部打开舱门操作

（1）确认舱门外无障碍物；

（2）从观察窗处确认客舱未释压，警告灯没有闪亮；

（3）按进手柄解锁板；

（4）将手柄向上抬起，至绿色水平线；

（5）将舱门向外拉到全开位，至被阵风锁锁住。

注意：如果滑梯预位手柄处在"ARMED"的位置，从外部开门，手柄将自动回到"DISARMED"的位置。

图1.3.9为外部开关舱门手柄。

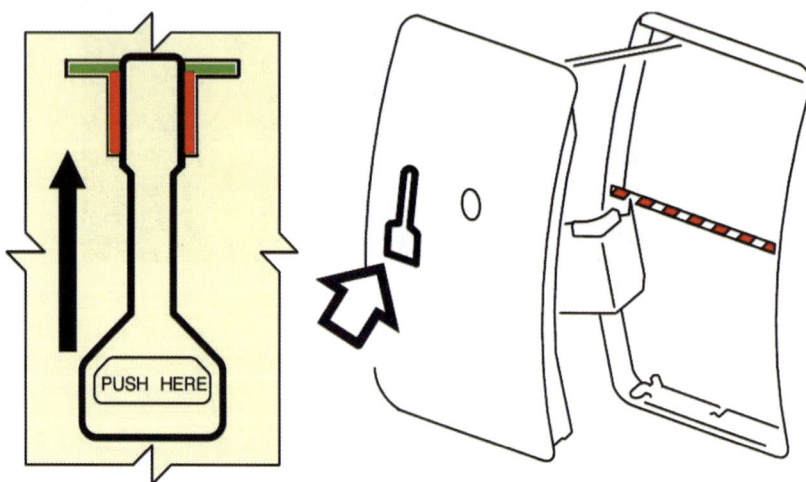

图1.3.9　外部开关舱门手柄

## （二）外部关闭舱门操作

（1）将阻拦绳收回；

（2）确认舱门内、外无障碍物；

（3）按住解除阵风锁按钮并保持住，待舱门拉动后再放开；

（4）将舱门推回至舱内；

（5）将舱门外部控制手柄压下至与舱门平齐，松锁板弹起至与舱门平齐，将舱门关好；

（6）检查舱门密封状况，确认舱门没有夹杂物。

## （三）空客 320 机型简介

### 1. 空客 320 基本数据

空客 320 是一种中短程、单通道、亚音速运输飞机，装有两台涡轮风扇发动机。机身横切面为圆形，除头部、尾椎、起落架舱及空调舱外全部为增压舱。客舱乘客座位布局根据运营需要安排，经审定最多可布置 180 个乘客座位。乘务员座椅可以视情况而定，但最少强制个数为 4 个。

空客 320 型飞机与波音 737-800 型飞机一样，也是典型的客机式设计，下单翼、上反角、后掠式，低水尾、单垂尾，双涡轮风扇发动机，发动机采用翼吊式。起落架为前三点式，主起落架为两柱式，每柱两轮，前起落架两轮。

机长：37.57 米。

翼展：34.1 米。

机高：12.14 米。

限制重量：最大起飞全重：74000 公斤；最大着陆全重：65000 公斤；最大载油量：18600 公斤；最大业载：19000 公斤；载客量：164 人。

最大飞行高度：39000 英尺（11887 米）。

巡航高度：9000/10000 米。

最大巡航速度：0.86 马赫（约 896 公里/小时）。

正常巡航速度：848 公里/小时。

航程：5700 公里。

最大着陆速度：250 公里/小时。

### 2. 空客 320 客舱布局

空客 320 型飞机客舱布局如图 1.3.10 所示。

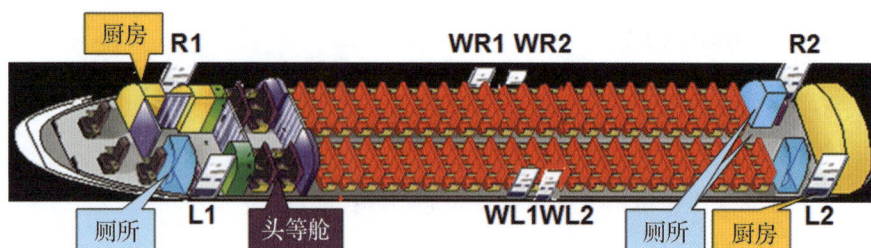

图 1.3.10　空客 320 客舱布局

（1）客舱门：4 个。

（2）翼上应急出口：4 个。

（3）货舱门：2 个。

（4）单通道。

（5）两级布局：头等舱、经济舱。

（6）厨房：2 组。

（7）卫生间：3 个。

（8）乘务员座席：6 个。

（9）衣帽间：2 个。

（10）储物柜：5 个。

（11）隔板。

（12）摇篮、摇篮插孔。

（13）帘子：每个舱之间通道处，飞机起飞落地时必须收起扣好。

（14）乘客视频、音频娱乐系统。

**思 考 题**

1. 空客 320 "Ⅰ" 型门的结构？

2. 滑梯分离器由哪几部分组成？

3. 操作训练。

（1）在客舱内打开舱门。

（2）在客舱内关闭舱门。

（3）滑梯预位、解除预位。

# 项目二
## 客舱服务设备

## 项目提示

　　客舱服务设备是指所有在机舱内保障服务工作需要的设施设备，这些设备也包括乘客在乘机过程中可以自己操作使用的简单按钮或开关。客舱服务设备必须始终保持在可用状态才能保证航班正常。如厨房的烤箱不能加温、卫生间没有冲洗水，甚至某个座椅靠背不能调直到正常位置都必须修复好了才能执行航班飞行，因为很多客舱设备的功能正常与否与客舱安全有直接关系。了解客舱服务设施设备的位置、功能，掌握正确的使用方法是本项目学习的关键。

　　安排每六个同学组成一个乘务组，以乘务组的形式进行项目实训：在飞机起飞、降落时能固定各种设施设备；飞行中能正确使用厨房烤箱、煮水器、冷藏箱、餐车等设备；正确操作、使用卫生间设备；正确使用座椅及乘客服务组件；熟练操作前后乘务员控制面板（包括客舱顶灯、窗灯、地面服务灯、工作灯、应急灯等灯光系统操作，娱乐系统操作，自备梯收放按钮操作，饮用水和污水系统检测）；熟练使用客舱广播和内话系统（驾驶舱通话、驾驶舱紧急通话、乘务员内话、客舱广播）。

## 模块一 客舱厨房设备布局及操作方法

### 一、学习目标

1. 了解厨房结构；
2. 能检查固定各种厨房设备；
3. 能正确使用厨房设备。

### 二、工作任务

（1）操作烤箱；
（2）操作煮水器；
（3）操作烧水杯；
（4）操作厨房控制板；
（5）操作其他厨房设备。

### 三、知行合一

#### （一）认识厨房

波音737-800型飞机共有两组厨房，分别位于前舱服务间和后舱服务间。厨房内有快速烤箱、煮水器、烧水杯、餐车位、杂物储存柜、电源控制板、工作灯、积水槽、保温箱、可拉出的台板、放冰块的抽屉、垃圾箱，各厨房内还有单独的水关闭阀。如图2.1.1 和图2.1.2 所示。

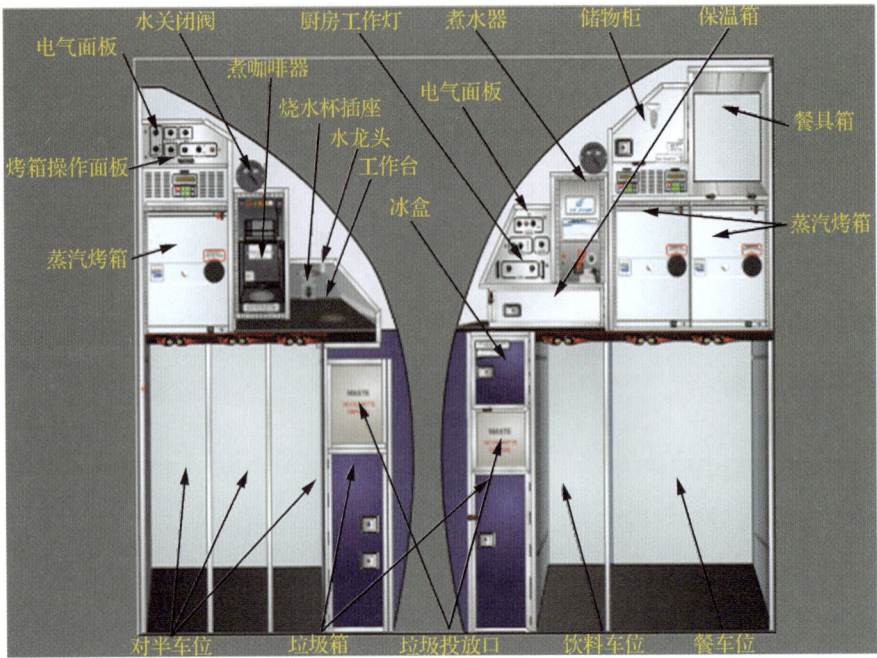

图 2.1.1　前厨房设备

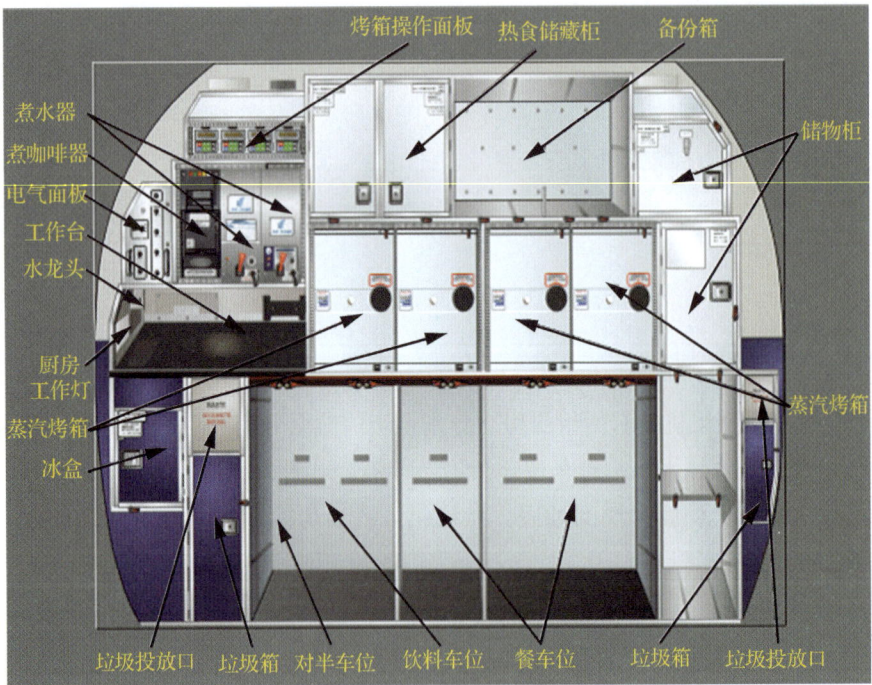

图 2.1.2　后厨房设备

### （二）操作烤箱

波音737-800机型的前舱服务间厨房和后舱服务间厨房都设有烤箱，前厨房三个，后厨房四个，用于快速加热餐食。

烤箱及其操作按钮如图2.1.3所示。

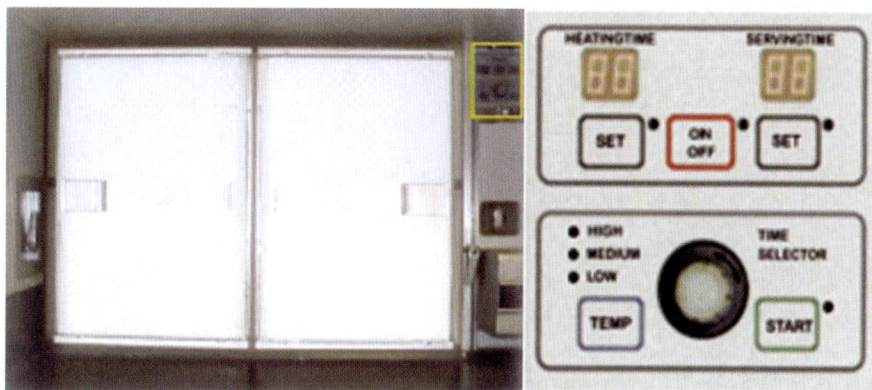

图2.1.3　烤箱及其操作按钮

**1.烤箱简单操作（不设定服务时间）**

（1）首先按压ON/OFF键打开电源开关，开关及中温指示灯亮，两个显示屏显示"00"。

（2）按温度调节钮调节温度；TEMP键选择加热模式，有低温模式、中温模式、高温模式三种模式，一般情况下选择中温模式（MEDIUM）。

（3）顺时针旋转时间调节钮，至显示屏显示所需时间。

（4）按加热时间锁定钮，指示灯亮；然后分别按压时间显示栏下面的SET按键，黄色的指示灯亮起。

（5）按开始钮，指示灯亮，这时烤箱开始工作，加热圈开始加热，风扇开始运转，计时器栏开始进行倒计时。

（6）当时间为零时会发出"嘀、嘀"声，所有亮起的指示灯及显示屏闪亮，风扇停止运转，加热圈停止加热。按压ON/OFF键关闭电源，烤箱停止工作。

**2.设定服务时间的烤箱操作**

（1）当设定完加热时间后，继续顺时针旋转时间调节钮，至服务时间显示屏显示所需时间（最长加热时间为60分钟）。

（2）按服务时间锁定钮，指示灯亮。

（3）按开始钮，指示灯亮，服务时间开始倒计时。

（4）当服务时间与加热时间一致后，烤箱自动开始正常工作。

如果要检查炉内温度，按温度调节钮，两个显示屏共同显示温度，先摄氏后华氏。

**3. 注意事项**

（1）每次加热之前必须确认烤箱内除餐食外无其他物品。严禁将烤箱当储物柜，将纸、布、塑料制品放入烤箱（纸、布、塑料等制品易燃，塑料制品在高温下会释放出有毒物质）。

（2）烤箱内无餐食时不可空烤。

（3）烤箱门一定要关好扣好，防止餐食掉出和水汽、热气散失。

（4）通常情况将加热温度设定在 MEDIUM 档（中温）。

（5）如餐盒内有干冰，必须将干冰取出后再加热。

（6）当烤箱内放满餐食时，要注意小心开门，以防餐食滑落。

（7）飞机起飞、下降过程中不能启动烤箱。

（8）随时检查烤箱工作状态，以防电热丝不热或风扇被卡住。

**（三）操作煮水器（饮用水加热系统）**

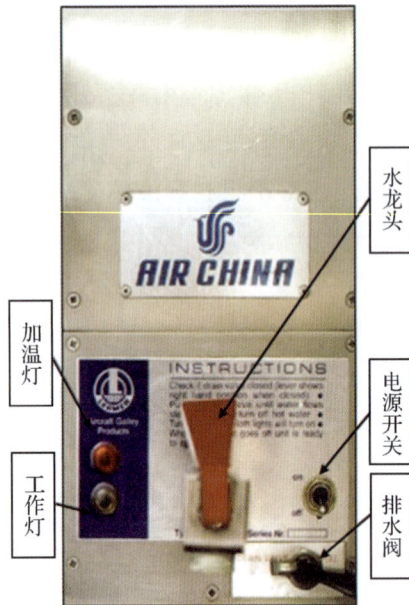

图 2.1.4　煮水器

（1）放水至水流顺畅。

（2）打开热水器电源开关，两个显示灯全亮，等加温灯熄灭后即可使用。此时热水器内的水温可达到88℃。

注意事项：

（1）每次打开电源开关前必须先放水，如无水流出需检查水关闭阀；

（2）当 NO WATER 灯亮起后，应立即关闭电源，扳动水龙头直至有水流出，再次打开电源开关；

（3）连续用水量不得超过两壶；

（4）如水龙头出现喷气现象，要注意防止烫伤；

（5）起飞、下降过程中必须关闭煮水器电源。

## （四）操作烧水杯

图 2.1.5　烧水杯及时间旋钮

（1）将烧水杯装七八成水，插在插座上，扣好保险卡。

（2）转动烧水杯的计时开关，显示灯亮。

（3）5 至 10 分钟即可烧开（如果没有烧开，可继续转动计时器）。

（4）水烧开后关闭计时器，拔下烧水杯。

注意事项：

（1）禁止空烧；

（2）拔出水杯时，谨防沸水烫伤；

（3）在落地前将烧水杯清理干净并固定。

## （五）操作餐车

1. 认识餐车

餐车位分为长车位和对半车位，用于放置并固定餐车。

餐车分为长车和对半车，用于存放餐食、饮料及机供品。

餐车由干冰盘、把手、冷风窗、车门锁等组成，底部有绿色解除踏板和红色刹车踏板。

### 2. 操作餐车

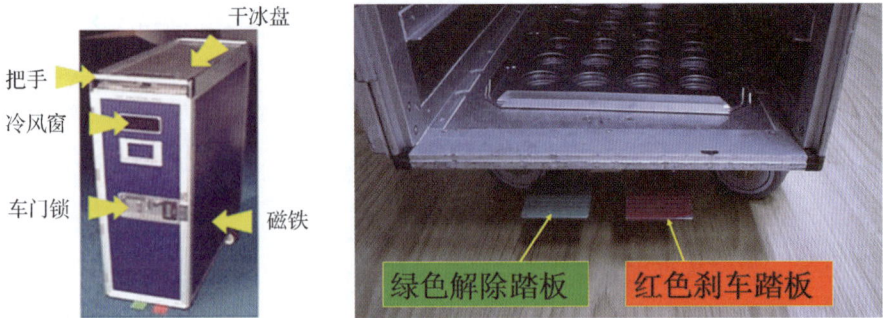

图 2.1.6　餐车

（1）打开固定餐车锁扣。

（2）踩踏绿色踏板松开刹车，拉出餐车。

（3）使用餐车服务时打开车门锁。

注意：随时踩踏红色刹车踏板，以免餐车滑动；餐车使用完后必须归位，踩踏刹车，扣好锁扣。

图 2.1.7　固定好餐车

## （六）厨房控制面板

厨房控制面板主要由保险和开关组成。

操作厨房灯光：

（1）乘客登机、下机时，厨房灯光调至"高"档。

（2）飞机起飞、下降期间，厨房灯光调至"暗"档。

（3）起飞后，工作期间，厨房灯光调至"高"档。

（4）夜航飞行值班期间，厨房灯光调至"关"档，打开工作灯。

## （七）操作水开关阀

每一组厨房均有水阀开关，前厨房水阀开关位于厨房顶部，后厨房水阀开关在储物格内。开关指向 ON 位时，水阀打开；开关指向 OFF 位时，水阀关闭。

## （八）使用冷水管、积水槽

前后厨房各有一个冷水管，用于清洗物品；冷水管下方的积水槽用于排水。禁止饮用冷水管内的水；禁止向积水槽内倒入牛奶、果汁、咖啡等液体，防止堵塞。

图 2.1.8　冷水管和积水槽

## （九）使用储物柜

储物柜位于前后厨房内，用于放置各类机供品及乘务员物品。用完后要及时关闭储物柜门并扣好。

### （十）使用保温箱

保温箱位于飞机前服务舱，用于头等舱加温毛巾、瓷咖啡杯、瓷餐具等。

### （十一）使用垃圾箱

垃圾箱位于前后厨房，不使用时保持垃圾箱盖关闭。

## 四、反思与探究

### （一）厨房设备操作注意事项

按要求操作厨房设备，在飞机起飞、着陆前必须将所有厨房电源关闭；按照装机图和物品摆放位置的要求，放置供应品和食品；不要把塑料、纸类、棉织品等物品放在烤箱和保温箱内；厨房内所有服务用具要轻拿、轻放；厨房内餐车、储藏箱的柜门，用后随手关闭、扣好，注意轻开、轻关；冷、热食品及用具要分开冷藏或加温，保证凉的要凉，热的要热；乘务员在烘烤餐食和供餐前将手清洗干净；不要将油状液体（色拉油）、牛奶、果汁等倒入水池，保持下水畅通，池内无杂物；保证厨房内的冰箱、烤箱、保温箱、储藏柜内用具干净、无污渍；保持厨房内台面、地面整洁；根据所飞往国家的要求，对垃圾进行分类放置。

### （二）餐车使用及管理注意事项

每个餐车有 14 层，每层可摆放 3 份普通餐盘，每车共存放 42 份餐盘；可根据习惯把不同的物品放在不同位置，每个位置均有最大承重限额，有明显标示；每个餐车停放位的上部和侧面共有四个安全锁扣，要养成停放好餐车即刻关闭锁扣的好习惯。使用餐车注意事项：飞机在地面移动前，所有餐车必须存放在规定的位置并固定；使用时要及时锁闭餐车门和刹车；所有餐饮车推出客舱时，必须有人监管；飞机在起飞下降时，要保持餐车在锁闭固定状态；所有餐饮车使用完毕后必须重新收回固定好。

### （三）餐车可以降温保鲜

飞机上配备的餐车由于其环境、空间的特点，不同于一般储藏食品的箱柜。除了能够储藏餐食及机供品外，还有降温的功能。在每辆餐车的其中一扇门上有两个网状的通风口，在放置餐车时必须将有网状口的一侧放在里面。在航班飞行需要提供两顿餐食的情况下，为了保证第二顿餐食的温度和质量，乘务员只需打开配电上的"冷风机"开关即可起到降温的作用。另外，在餐车的顶部有一个干冰层可以放置干冰，为餐食起到降温保鲜的作用。

### （四）厨房配电板

厨房中每一个电气设备均有相对应的保险装置，当厨房中某一个电气设备发生故障时，相对应的保险装置会跳出，乘务员可以按下保险按钮重新启动此设备。一旦保险装置再次跳出，应立即停止使用并报告乘务长。

## 五、巩固与拓展

### （一）空客320型飞机厨房介绍

空客320型飞机有前后两组厨房，前厨房在R1门处前部，后厨房在飞机的后部。前厨房保障头等舱乘客及全体机组人员的餐饮服务，后厨房保障普通舱乘客的餐饮服务。每个厨房都有一套完整的供电和供水设备，以及其他辅助设施。厨房电源为独立供电系统，厨房电源总开关位于驾驶舱内；当飞机在空中出现发动机故障时，厨房电源会自动切断。

### （二）空客320型飞机的蒸汽烤箱

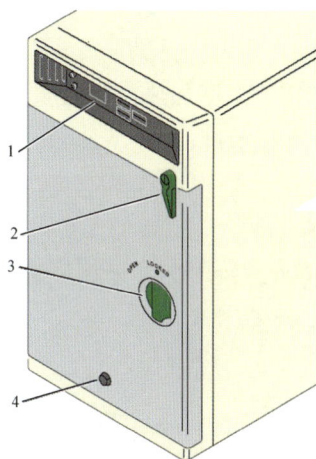

图2.1.9　蒸汽烤箱

1. 烤箱控制板；2. 四分之一锁；3. 门把手（旋钮式）：OPEN 打开，LOCKED 锁定；4. 通气孔

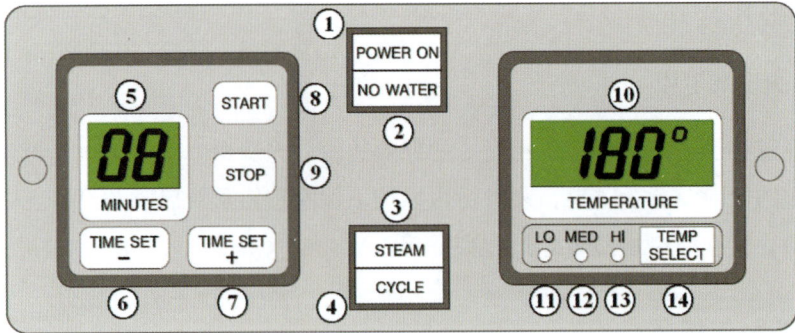

图 2.1.10  烤箱控制板

在图 2.1.10 中：

①POWER ON：电源开关；

②NO WATER：无水警告灯，当烤炉供水有停顿或中断时，亮起提示，烤箱将自动停止加热；

③STEAM：蒸汽开关，只能在低温或中温加热时使用；

④CYCLE：加热指示灯，当加热圈加热时亮起；

⑤MINUTES：加热时间显示屏（分钟）；

⑥TIME SET －：时间减少键，每点击一次，减少 1 分钟；

⑦TIME SET ＋：时间增加键，每点击一次，增加 1 分钟；

⑧START：开始加热键；

⑨STOP：停止加热键；

⑩TEMPERATURE：烤箱内实际温度加热目标温度显示屏（摄氏度）；

⑪LO：低温，150℃，下方有指示灯；

⑫MED：中温，180℃；

⑬HI：高温，230℃；

⑭TEMP SELECT：加热温度选择键，持续按住 1 秒钟以上，加热目标温度将在低、中、高温之间切换，每次切换一档。

使用方法：

（1）打开电源开关，指示灯亮；

（2）加热时间显示使用的或剩余的时间；

（3）温度显示烤箱内实际温度；

（4）选择的加热温度指示灯亮；

（5）按时间减少或增加键，调整加热时间（普通正餐热食设定 20 分钟）；

（6）按温度选择键调节加热温度（普通正餐热食设定中温）；

（7）按开始键加热；

（8）按时间种类选择使用蒸汽模式（如需使用，按蒸汽开关，指示灯亮）；

（9）加热时间回零后，烤箱自动停止工作；

（10）关闭电源开关（若在加热时间未回零之前直接关闭电源开关，则再次打开电源开关后，烤炉将自动按上次设定的加热温度开始加热，至剩余时间回零；如不需要此操作，按停止键，重新操作）。

### （三）普通烤箱

在图 2.1.11 中：

①烤箱门；②通气孔；③门把手；④四分之一锁；⑤烤箱控制板。

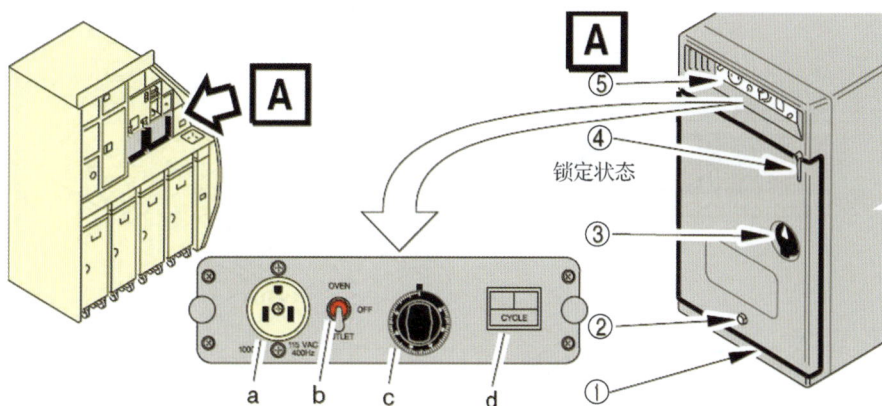

图 2.1.11　普通烤箱

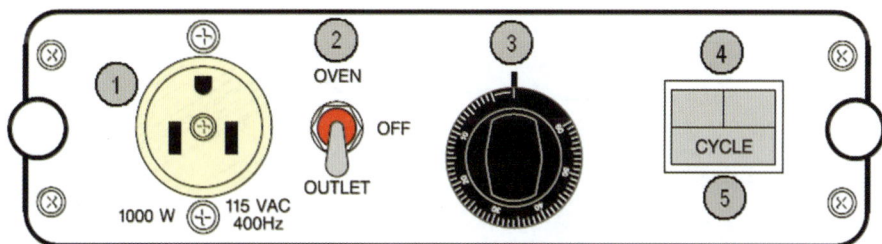

图 2.1.12　普通烤箱控制板

在图 2.1.12 中：

① 外接电源插座；

② 定时器开关：调节加热时间（分钟）；

③ 加热温度选择键：左侧 150℃，右侧 230℃，均有内藏指示灯，显示所选择

温度；

④⑤ CYCLE：加热指示灯。

使用方法：

（1）将供电方式选择开关扳到烤箱供电位；

（2）选择加热温度（普通正餐热食230℃）；

（3）向右旋转定时器开关（普通正餐热食20分钟）；

（4）烤箱开始工作；

（5）当定时器回零后，烤箱自动停止工作；

（6）将供电方式选择开关扳到OFF（关闭）位。

**（四）煮咖啡器（COFFEE MAKER）**

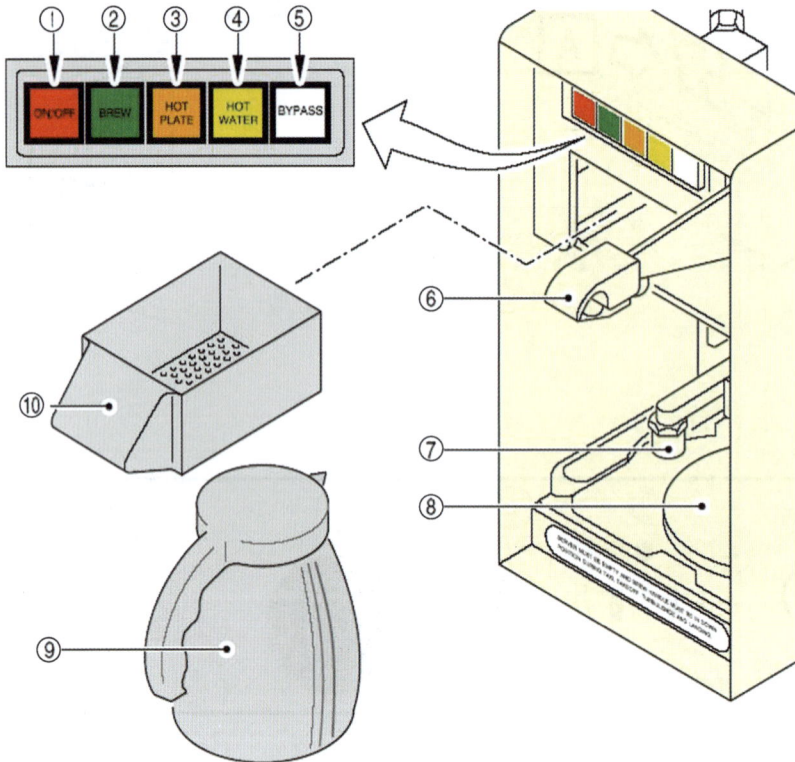

图 2.1.13　煮咖啡器

在图 2.1.13 中：

①电源开关 ON/OFF（红色）；②煮咖啡开关 BREW（绿色）；③加温盘开关 HOT

PLATE（橙色）；④热水放水开关 HOT WATER（黄色）；⑤补水开关 BYPASS（白色）；⑥咖啡盒及咖啡壶锁定手柄；⑦热水出口；⑧加温盘；⑨咖啡壶；⑩咖啡盒。

1. 使用方法

1）煮咖啡

（1）打开电源开关，指示灯亮；

（2）提起锁定手柄，取出咖啡盒，放入袋装咖啡，放回咖啡盒；

（3）取下咖啡壶，确认壶内干净、无水后放回；

（4）压下锁定手柄；

（5）按煮咖啡开关，指示灯亮；

（6）指示灯熄灭后，咖啡即煮好；

（7）如水量不够，可按住补水开关至水量合适；

（8）如需保温，可打开加温盘开关，指示灯亮，加温盘会加热至80℃。

2）烧热水

（1）打开电源开关，指示灯亮；

（2）热水放水开关指示灯亮后，热水即烧好；

（3）按住热水放水开关，热水从热水出口流出。

2. 注意事项

（1）煮咖啡后，应将咖啡包取出，并清洗咖啡盒及咖啡壶；

（2）当加温盘上没有咖啡壶或咖啡壶空着时，禁止打开加温盘开关；

（3）加温盘上严禁放置除咖啡壶外的其他物品；

（4）当加温盘上没有咖啡壶时，不要按补水开关；

（5）控制每次热水用量，以一壶为宜，最多不得超过两壶；

（6）避免长时间打开而不放水，使咖啡机内部产生水蒸气而形成空烧；

（7）由于热水出水口过滤网会产生小气泡，不宜直接沏茶叶；

（8）当水箱内无水时，禁止打开电源开关。

**（五）案例分析**

某航班飞行中，夜色朦胧，旅客晚餐后纷纷进入了梦乡。头等舱一名乘客正在闭目养神，忽然，飞机一阵颠簸，随后听到一声巨响，"砰"的一声，大家定睛一看，只见一辆餐车冲出厨房，正撞在头等舱这名乘客的腿上，乘客痛苦地呻吟着，两名乘务员赶紧离开座位，推开餐车向乘客道歉。

分析：这件事情的产生是由于乘务员的疏忽，没有正确按照餐车使用规则使用餐车。在飞机起飞前、降落前或飞行颠簸期应将餐车放在餐车位，固定好餐车并踩好刹车。在进入客舱推动餐车时注意不要擦碰到乘客，把餐车停下来提供餐饮服务时一定要踩好刹车（红色踏板）。

## 思 考 题

1. 烤箱的使用及注意事项。
2. 烧水杯的使用及注意事项。
3. 使用煮咖啡器的方法。

# 模块二　卫生间设备使用

## 一、学习目标

1. 了解卫生间设备及相关功能；
2. 起飞降落时能固定各种卫生间设备；
3. 飞行中能根据实际情况开启和关闭卫生间，保证卫生间正常使用；
4. 指导乘客正确使用卫生间设施设备。

## 二、工作任务

正确操作卫生间设备，保证卫生间正常使用。

## 三、知行合一

### （一）认识卫生间设备

图 2.2.1　波音 737-800 型飞机的卫生间

飞机卫生间的设备有折叠式门或推拉式门、插销、婴儿板；顶部有灯光、扬声器、烟雾报警器、氧气面罩储藏箱；侧面有穿衣镜、镜灯（受门栓控制）、洗手池、卫生用品柜、垃圾箱、信号牌、呼叫按钮；门对面有马桶、冲水按钮。

### （二）马桶使用

马桶由桶身、桶盖和马桶垫组成，分为抽水式马桶和循环冲水式马桶两类。卫生间洗手池的废水经过滤、净化后，通过机腹部可以加热的金属管排出机外；马桶水中有化粪剂，通常为蓝色有香味，马桶水可以循环使用，排泄物集中收集在机腹的污水箱内，在地面由排污车负责更换。

抽水式马桶操作方法：按下蓝色 PUSH 键，马桶开始抽水。

循环冲水式马桶操作方法：按红色箭头指示向下扳动冲水钮，马桶开始冲水。

### （三）按压式水龙头使用

洗手盆水龙头分三种：一种是按压出水，停止按压即停止出水；另一种是按压出水，水龙头自动收回出水停止；第三种是感应式水龙头。

水龙头上有温度选择旋钮或按钮，蓝色为冷水，红色为热水。

### （四）卫生用品及存放

1. 洗手液、香水放置架

用于放置洗手液、香水及护手霜等。飞机没有配备放置架时，起飞、下降时必须将洗手液、香水、护手霜等放到抽屉内，以免撒落在地板上或者掉在马桶里。

2. 小物件放置盒

用于存放擦手纸、固体芳香剂、手套等。

按压放置盒底部的按钮，放置盒自动打开；按压放置盒的两端，放置盒自动打开；每个卫生间可同时摆放两盒纸巾，关闭放置盒时，要确保锁扣复位。

3. 卫生用品存放

存放盒里可以放置马桶垫纸、呕吐袋、卫生巾等卫生用品。

打开存放盒，关闭时要确保锁扣复位。

### （五）卫生间呼叫按钮

卫生间呼叫按钮是乘客需要帮助时的呼叫工具。

乘客呼叫乘务员时，按下此按钮，卫生间门侧壁的琥珀色灯亮并响起单高音铃声，服务间上方呼叫显示器内琥珀色灯也同时亮起。解除卫生间呼叫的方法有两种：再按一下卫生间内的呼叫按钮即可解除，或者按一下卫生间外侧壁的琥珀色灯即可解除。

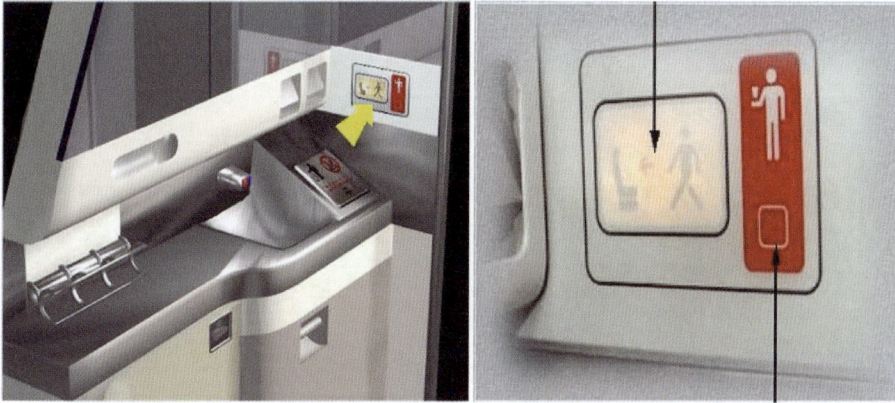

图 2.2.2　请回座位信号牌和呼叫按钮

图 2.2.3　琥珀色呼叫灯

## （六）垃圾箱使用

每个卫生间都配有垃圾箱，使用前须套上垃圾袋，垃圾箱门使用后自动弹回。不得丢入烟头及易燃物品。

## （七）卫生间门插销操作

所有卫生间的门都安装了"没人/有人"字样的门锁装置。

正常的外侧开门：如门插销显示红色表示卫生间有人，门已被锁上；如门插销显示绿色表示卫生间无人，门可以打开。

正常的内侧使用：拨开门插销，转动门手柄开门。

卫生间内的门插销可以控制镜灯，当插上门插销时，镜灯会自动亮起。

乘务员外部开启或锁闭卫生间方法如图 2.2.4 所示：向上扳开标有"LAVATORY"的金属板，移动其锁扣即可锁闭或开启该门。

（a）卫生间门及插销（一）

（b）卫生间门及插销（二）

图 2.2.4　卫生间门及插销

## （八）婴儿板使用

飞机客舱后部有一个带婴儿板的卫生间，供乘客为婴儿更换尿布使用。如图 2.2.5 所示。

（1）拉开拉扣放下婴儿板；

（2）使用完收回扣好。

图 2.2.5　婴儿板

## （九）残疾人扶手使用

卫生间内配有残疾人扶手，是残疾人及乘客固定自身的工具，如图 2.2.6 所示。

图 2.2.6　残疾人扶手

## （十）外衣挂钩使用

卫生间门上的挂钩供乘客挂衣帽等。

## （十一）卫生间热水器使用

热水器安装在洗手盆下方，将热水器开关扳至 ON 位是开启，OFF 是关闭。水的温度一般保持在 52℃～56℃。当热水用完时，可在四分钟内重新加温，当水温达到 88℃时热水器自动关闭，也可人工关闭。

## （十二）卫生间通风孔、扬声器

通风孔、扬声器位于卫生间顶部。

## （十三）卫生间供水阀门使用

每个卫生间水池下面装有一个水关闭阀，用于控制洗手池内的水。通常阀门处于打开位置。

图 2.2.7　洗手水阀门

供水选择阀门位于洗手盆下方的柜中，有四个位置：

（1）供水/排水（SUPPLY/DRAIN）——正常工作位；

（2）龙头（FAUCET）——阀门在此位置时，仅给水龙头供水；

（3）抽水马桶（TOILET）——阀门在此位置时，仅给马桶供水；

（4）关闭（SHUT OFF）——关闭用水。

## （十四）认识烟雾探测器

烟雾探测器包括烟雾感应器和信号显示系统。

烟雾感应器：安装在卫生间顶部，当卫生间内的烟雾达到一定浓度时，通过感应器和信号系统显示。

信号显示系统：位于烟雾传感器的侧面，通过感应传给信号显示系统，当烟雾达到一定浓度时，信号系统的红色指示灯闪亮，并发出刺耳的叫声，同时卫生间外部上方琥珀色灯闪亮。当需要关断信号系统时，按下按钮（传感器侧面）即可停止声音，关闭指示灯。

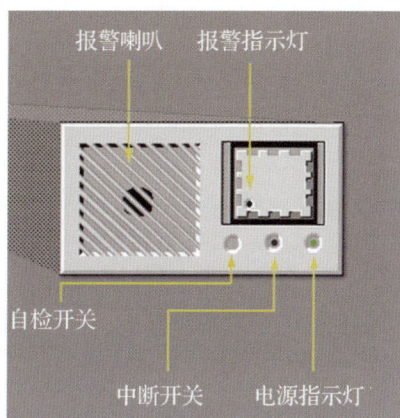

图 2.2.8　信号显示系统

如图 2.2.8 所示，信号显示系统的报警装置结构包括报警喇叭、报警指示灯（红色）、自检开关、中断开关、电源指示灯（绿色）。

飞行前须做检查，确保飞行途中正常。

### （十五）认识自动灭火装置

在每个卫生间洗手池下面都有一个自动灭火装置，每个灭火装置包括一个海伦灭火瓶和两个指向废物箱的喷嘴。如图 2.2.9 所示。

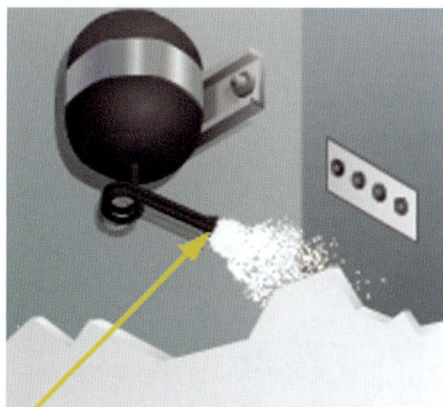

图 2.2.9　自动灭火装置

通常情况下，温度显示器为白色，两个喷嘴用密封剂封死，当环境温度达到 77℃～79℃时，温度显示器由白色变成黑色，喷嘴的密封剂自动熔化，两个喷嘴向废物箱内喷射海伦灭火剂。当灭火剂释放完毕后，喷嘴尖端的颜色为白色。自动灭火装置的喷射时间为 3～15 秒钟。

飞行前检查温度指示器是否为白色，如果不是白色，要立即报告机长或地面机务人员。

## 四、反思与探究

### （一）卫生间设备操作注意事项

离港前镜面、台面、地面、壁板、马桶内外干净、无污渍，废纸箱无杂物、异味；鲜花、护肤品及卫生用品按规定摆放整齐；飞行中，乘务员负责卫生间的清洁，镜面、台面、地面、马桶周围干净；及时补充服务用品，手纸叠为三角形，更换马桶垫纸；严禁将咖啡、果汁、冰块倒入马桶里；着陆前，把马桶盖盖好，固定好移动物品。

### （二）如何提醒儿童乘客正确使用卫生间门

机上卫生间的门分为两类：

（1）推拉式：门板上有一个旋转把手，开门时，握住把手向右旋转，往外拉即打开。进去后，关上门，别上门锁。

（2）折叠式：由两块可重合的门板组成，开门时，用手轻推门上"PUSH"处，门向内折叠，打开；进去后，轻推门折叠荷叶处，门关闭，再别上门锁。注意不要用太大力气猛推门，否则易夹手。

每种卫生间门上都明确标明了操作方式，但折叠式的卫生间门在推开后只要松手，门就会自动关闭，容易使儿童乘客受伤，曾经发生过多起机上儿童被卫生间门夹手事件。乘务员应如何避免此类事件的发生呢？

首先：儿童乘客上卫生间时，应有监护人陪同，并告知监护人使用卫生间门的注意事项；

其次：乘务员应提前告知无人陪伴儿童如果要上洗手间，需告诉乘务员，让其陪同；

最后：乘务员要随时关注儿童乘客的动向，提供必要及时的帮助。

## （三）什么情况下禁止使用卫生间

在飞机起飞、下降、滑行时及污水满，卫生间不能使用；卫生间马桶堵塞或出现其他故障时，卫生间禁止使用。

## 五、巩固与拓展

### （一）空客 320 型飞机卫生间简介

空客 320 型飞机客舱内设置了三个卫生间：前舱一个（LA），后舱两个（LD，LE）。每个卫生间都备有冷、热、污水和通风孔。冲水按钮、乘务员呼叫按钮和镜子设施。LA 和 LE 两个卫生间备有助残设备。如图 2.2.10 所示。

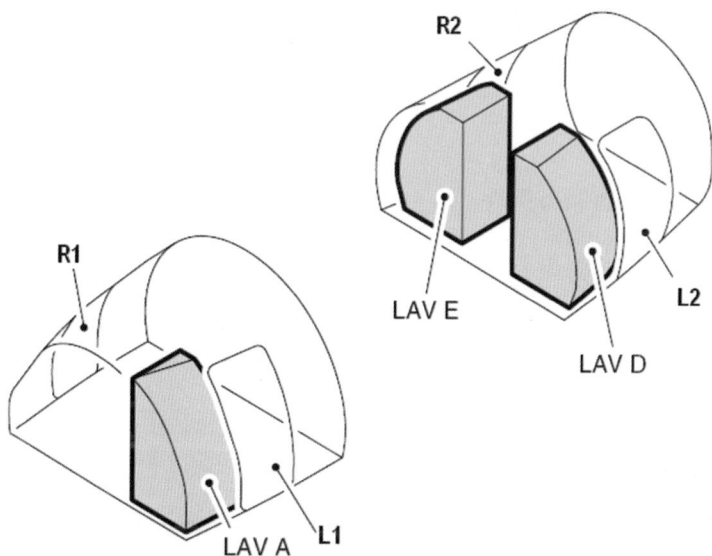

图 2.2.10　空客 320 型飞机的卫生间位置图

### （二）卫生间内部结构

如图 2.2.11 所示，空客 320 型飞机的卫生间由马桶、镜子、盥洗室服务组件、应急灯和镜灯、手纸架、洗手液、水龙头、通风孔、扬声器、纸巾存放处等组成。

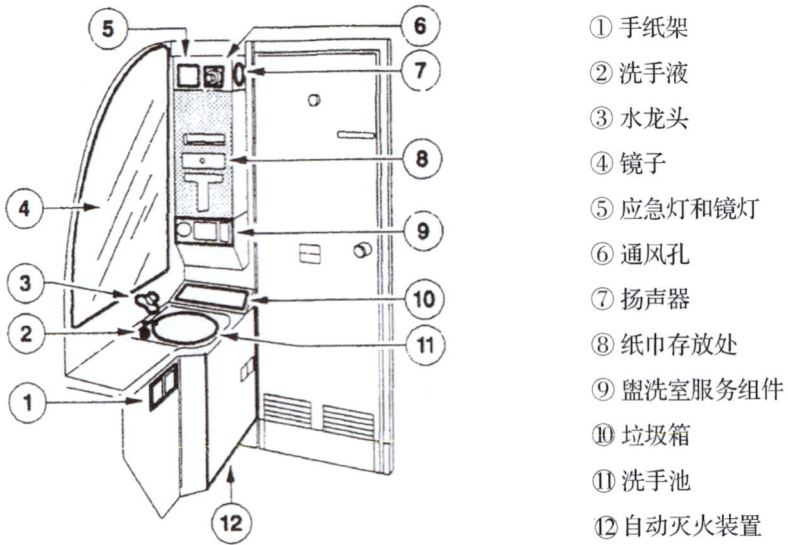

① 手纸架

② 洗手液

③ 水龙头

④ 镜子

⑤ 应急灯和镜灯

⑥ 通风孔

⑦ 扬声器

⑧ 纸巾存放处

⑨ 盥洗室服务组件

⑩ 垃圾箱

⑪ 洗手池

⑫ 自动灭火装置

图 2.2.11　空客 320 型飞机卫生间内部结构

## （三）卫生间的乘客服务组件

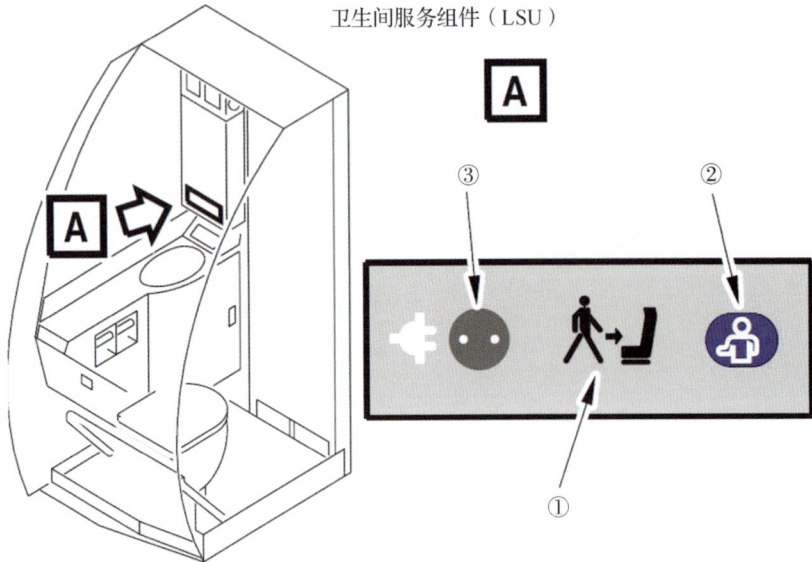

图 2.2.12　卫生间的乘客服务组件

如图 2.2.12 所示，其中①表示返回座位指示灯，②表示呼叫乘务员按钮，③表示电源插孔。当"系好安全带"灯亮时，"返回座位"信号灯同时亮起，并发出单低谐音。

### （四）卫生间应急开门装置

在紧急状态下，可以从外侧将卫生间门打开。如图2.2.13所示，掀起"有人"显示牌上面的"卫生间"盖板，推动锁销，至"无人"字样出现。

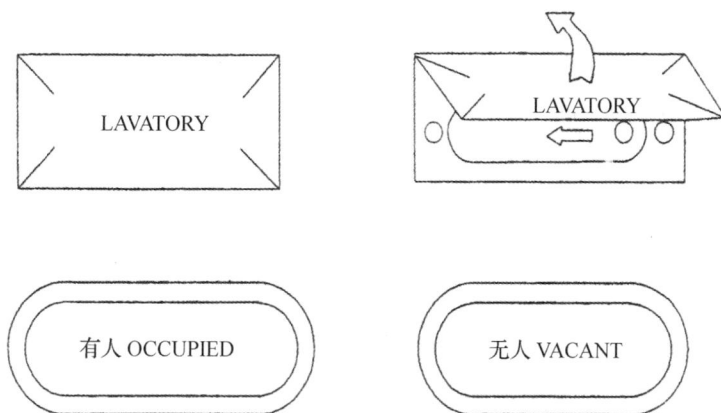

图2.2.13  应急开门装置

### 思考题

1. 洗手间设备共有多少种？
2. 波音737-800型飞机卫生间自动灭火装置的喷射时间是多久？
3. 人工解除烟雾警报器的方法是什么？
4. 卫生间供水阀四个位置的功能是什么？
5. 从外部、内部打开、关闭卫生间的门。

# 模块三　行李架、乘客服务组件、客舱座椅等的结构及操作方法

## 一、学习目标

1. 了解波音 737-800 机型的客舱布局；
2. 能熟练操作行李架、乘客服务组件（PSU）、客舱座椅等服务设备；
3. 掌握行李架操作方法；
4. 能正确指导乘客使用乘客服务组件、乘客座椅等相关服务设备。

## 二、工作任务

（1）行李架使用；
（2）乘客服务组件使用；
（3）客舱座椅使用。

## 三、知行合一

### （一）认识波音 737-800 客舱布局及设备

| 客舱 | 座位数 | 间距 |
|------|--------|------|
| 头等舱 | 8 | 50英寸 |
| 经济舱 | 156 | 31~32英寸 |

图例：
- 推荐座位
- 普通座位
- 稍逊座位
- 盥洗室
- 机上厨房
- 衣帽间
- 婴儿摇篮
- 电源端口

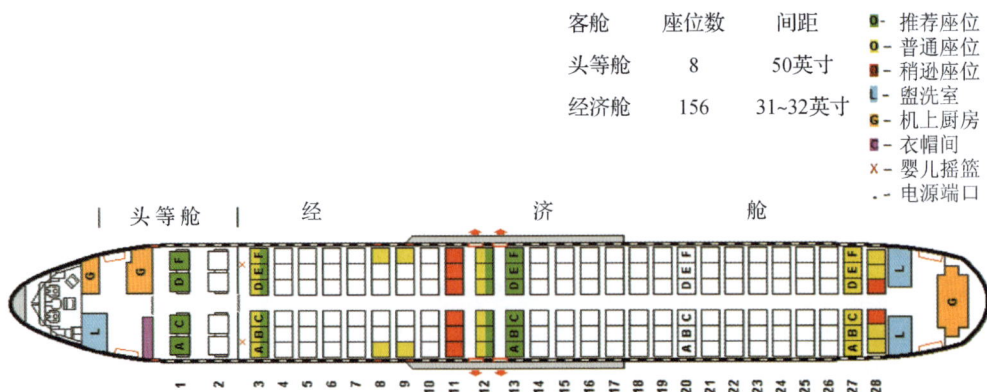

图 2.3.1　波音 737-800 的客舱布局

如图 2.3.1 所示，波音 737-800 型飞机的客舱包括头等舱、经济舱、前后 2 个厨房、3/4 个卫生间、行李架、衣帽间、客舱座椅等。

## （二）行李架的结构及操作

波音 737-800 型飞机的行李架位于客舱两侧乘客座椅上方，可放置行李物品及部分紧急设备。行李架中部及盖板中部有一组锁扣，盖板锁扣外连接一个开启手柄。向外扳动开启手柄可以打开行李架，在关闭行李架时，要确认锁扣扣紧锁好。部分飞机行李架下部边缘处有凹槽，用于飞机颠簸时作为扶手来使用。（有些波音 737-800 型飞机在行李架内两侧壁板处各有一面镜子，该装置是为了使乘客和乘务员能更方便地观察行李架内情况，以及乘务员清舱时更好地检查行李架内是否有乘客遗留物品。）

图 2.3.2　波音 737-800 型飞机的行李架

行李架两侧有乘客座位标识，图文并茂，乘客可以对号入座。如图 2.3.3 所示。

图 2.3.3　座位标示

注意事项：不能放置过大、过重物品（每个行李箱均有最大限制重量）；不可放置光滑、尖锐、坚硬物品；不可放置可泄漏物品；行李架仅在乘客登机和下机时打开，其余时间必须关紧扣好；行李架关好后不得有物体外露（如包带、绳子等）。

### （三）乘客服务组件（PSU）的功能及操作

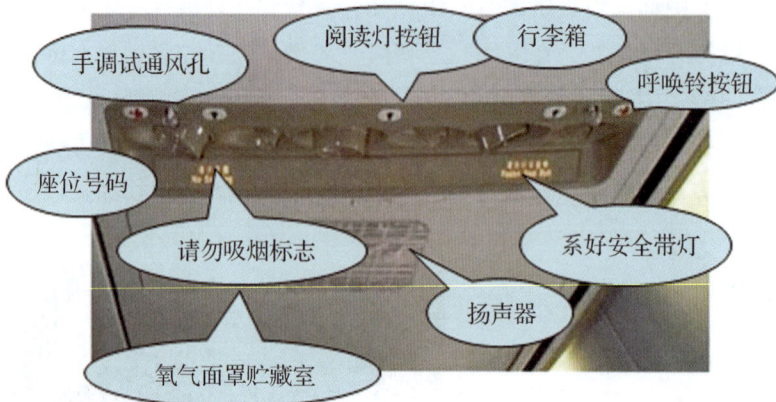

图 2.3.4　波音 737-800 型飞机的乘客服务组件

如图 2.3.4 所示，乘客服务组件装置包括通风口、阅读灯、阅读灯按钮、呼唤铃灯、呼唤铃按钮、"请勿吸烟，系好安全带"信号显示灯、扬声器、氧气面罩贮藏箱。乘客可以自主操作通风口、阅读灯按钮、呼唤铃按钮：左右旋转通风口可调节风向风速；按下阅读灯按钮可开启或关闭阅读灯；按下呼唤铃按钮可开启或关闭呼唤铃。

客舱音响的音量可由乘务员在前舱音频控制面板上用调节按钮进行调整。

呼唤铃分为两种：分体式和一体式。分体式：呼唤铃按钮与呼唤铃灯分别在 PSU 组件的两端各有一套。任意一边的呼唤铃按钮按下后，该组件的两个呼唤铃灯都会同时亮起。一体式：呼唤铃按钮中内置灯泡，按下呼唤铃的同时，内置灯泡即被点亮。该装置位于 PSU 组件的中部，一套组件只有一个呼唤铃。

### （四）乘客及乘务员座位上的设备使用

1. 经济舱乘客座椅的使用

经济舱乘客座椅：

（1）安全带：由两根可以对扣的带子组成，两根带子的底部都与座椅相连。

（2）座椅靠背调节按钮。

在座椅的扶手上有座椅靠背调节按钮（见图 2.3.5），按下按钮，人向后靠，可以使座椅靠背向后倾斜15°；再次按下调节按键，座椅靠背可复位；起飞、下降时必须将座椅靠背调直。应急出口处的座椅靠背不能调节。

应急出口的座椅靠背为何不能调节？

在飞机起飞、下降和飞行全过程，客舱的每一个出口位置都必须保持畅通无障碍。在应急出口处座位的间距要大于客舱其他座位之间的间距也是因为这个原因；同时每排应急出口座椅的小桌板放置在座椅扶手内也是为了确保出口的畅通；遇有紧急情况需要使用应急出口时不需要调节椅背就能快速撤离，不留安全隐患。

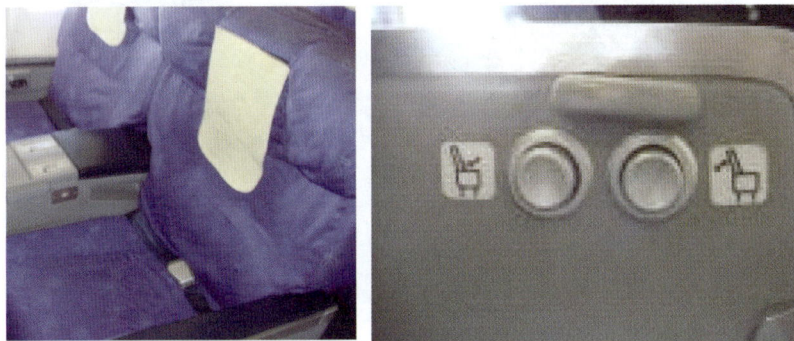

图2.3.5　座椅调节按钮

（3）行李挡杆和救生衣。

在每一个座椅下面的口袋里装有救生衣，供乘客海上迫降时使用；行李挡杆位于每排座椅下面。如图2.3.6所示。

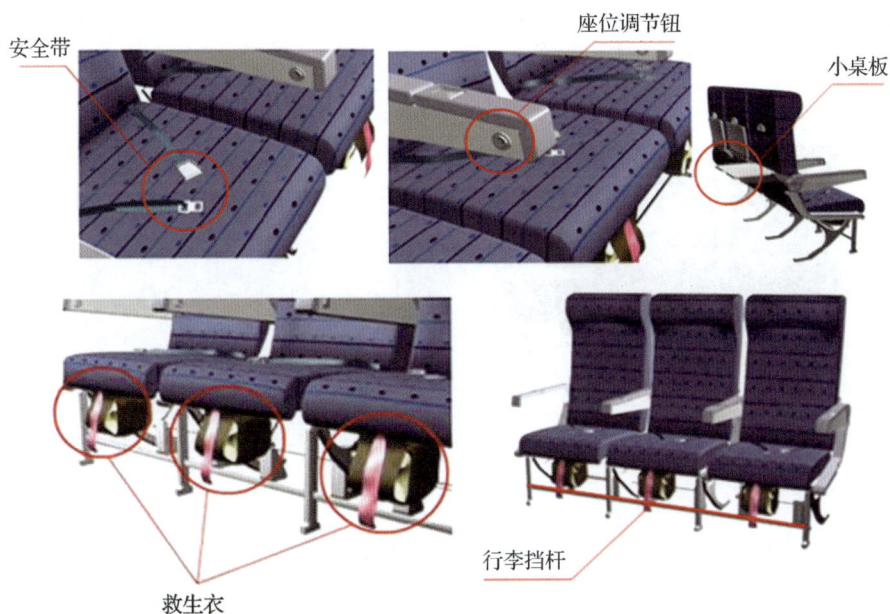

图2.3.6　经济舱座椅组图

（4）小桌板：小桌板一般位于前排座椅背部，供乘客就餐时使用。头等舱、普通舱的第一排和应急出口乘客座椅的小桌板位于座椅扶手内。起飞、下降时小桌板必须收回并扣好。如图 2.3.7 所示。

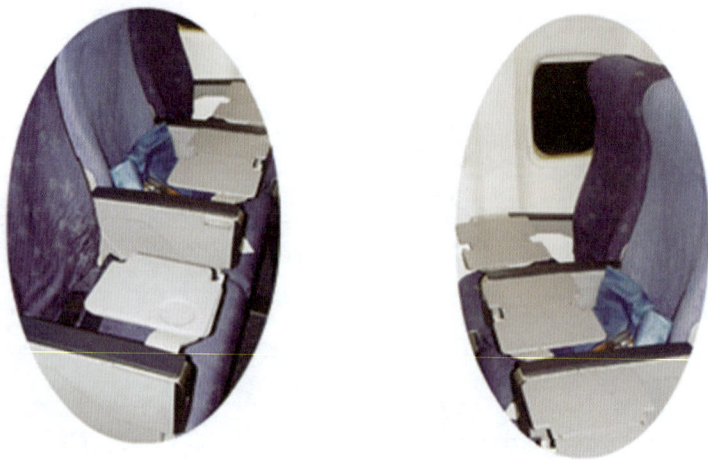

图 2.3.7　经济舱第一排和应急出口处座椅的小桌板

（5）座椅口袋、扶手、坐垫。

座椅背部的口袋供放置清洁袋、安全须知卡和杂志。座椅扶手可以抬起，使三个座椅可以并排供担架乘客或生病的乘客使用。水上撤离时座椅坐垫可作为漂浮物使用。如图 2.3.8、图 2.3.9、图 2.3.10 所示。

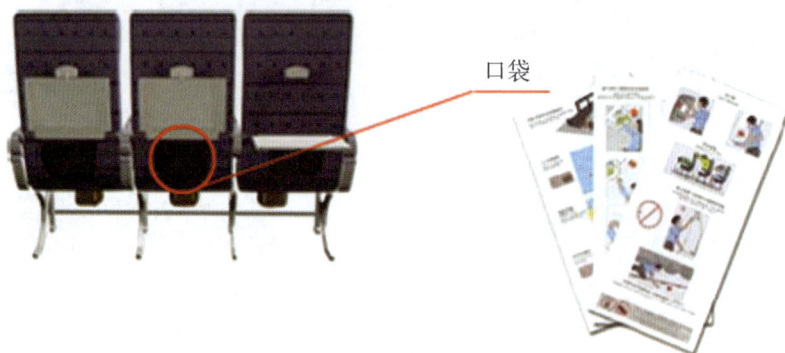

口袋

图 2.3.8　波音 737-800 型飞机的经济舱座椅口袋

扶手

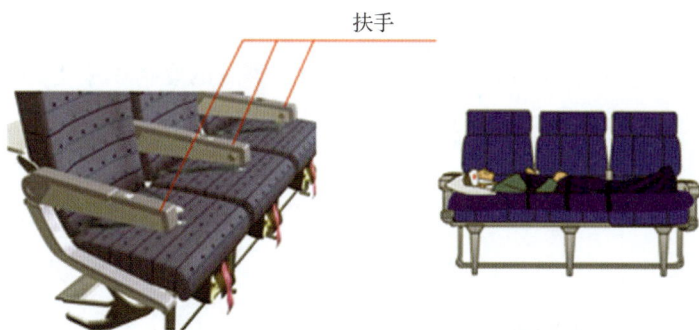

图 2.3.9 经济舱座椅扶手

坐垫

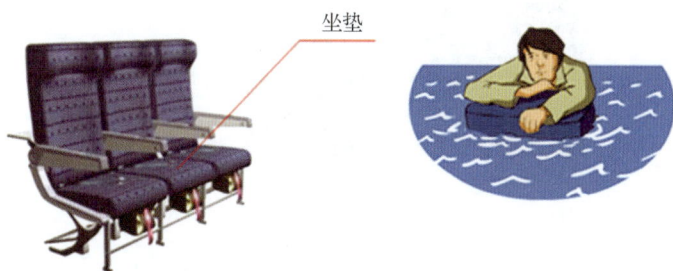

图 2.3.10 经济舱座椅坐垫

## 2. 头等舱座椅的使用

头等舱座椅的结构如图 2.3.11 所示。

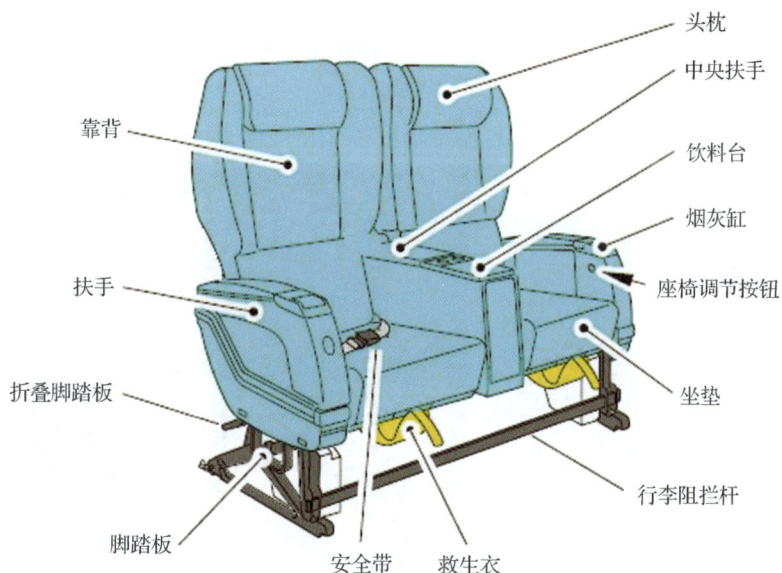

头枕
中央扶手
饮料台
烟灰缸
座椅调节按钮
坐垫
行李阻拦杆

靠背

扶手

折叠脚踏板

脚踏板 安全带 救生衣

图 2.3.11 头等舱座椅图

1）脚踏板（可分为人工和自动两种）

按下脚踏板按钮，脚踏板会自动弹起。（部分头等舱的座椅扶手上还设有调节脚踏板长度的伸缩按钮，供调节脚踏板的长度。须收起脚踏板时，一只手按住脚踏板的调节按钮，一只手按压脚踏板即可。）

注意：起飞、下降时头等舱乘客的脚踏板要调整到正常位置。

2）杯托

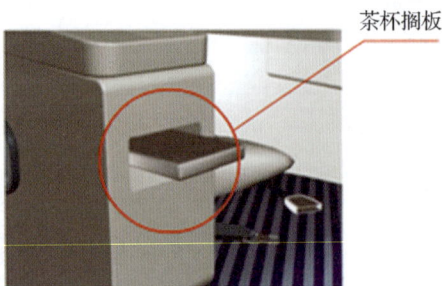

图2.3.12　杯托

头等舱座椅扶手处设有杯托。需要时拉出杯托即可使用，起飞、下降阶段必须将杯托收回、复位。

3）视频显示器

座椅上方的视频显示器由乘务员控制。起飞、下降阶段必须将视频显示器复位、关闭。

3. 乘务员座席

乘务员座席共有6个，分别位于L1门、L2门、R2门。乘务员座席由弹跳式坐垫、束紧式安全带、头枕等组成。如图2.3.13所示。

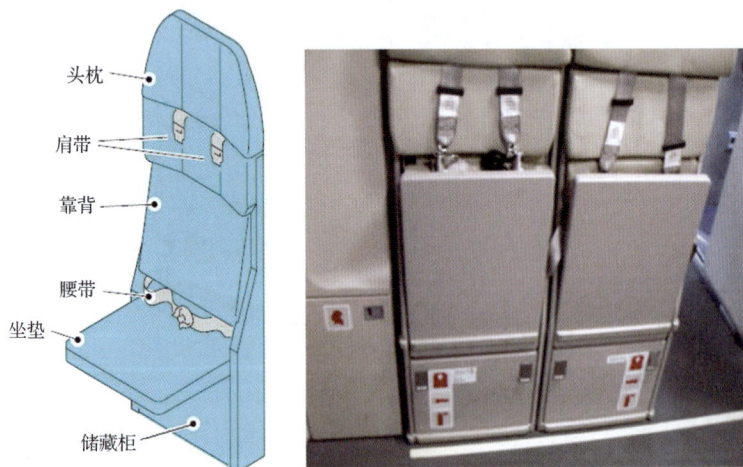

图2.3.13　乘务员弹跳式座椅

### （五）衣帽间的使用

衣帽间位于前客舱与前登机门之间，用于放置头等舱乘客的衣物、婴儿摇篮及其他物品。放置物品后应保证衣帽间门关闭并锁闭。

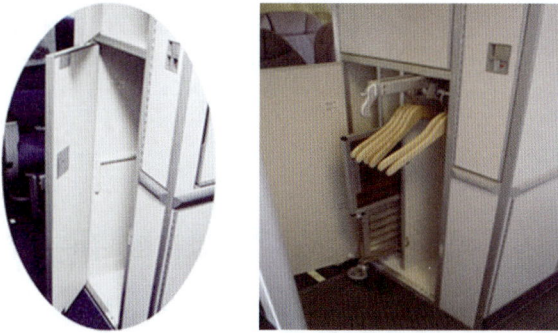

图 2.3.14　波音 737-800 型飞机的衣帽间

### （六）窗口及遮光板的使用

每个窗口都有遮光板，应急出口的遮光板向下打开，其余窗口的遮光板均向上打开。飞机起飞降落时，要打开遮光板。飞机起飞降落时打开遮光板，便于旅客和乘务员观察外面情况，及时发现问题，随时报告机长，消除安全隐患。

### （七）婴儿摇篮的使用

婴儿摇篮可固定在客舱（头等舱、经济舱）第一排壁板上。婴儿摇篮由框架、盖布、插销、框架处、释放按钮、支架等组成。如图 2.3.15 所示。

图 2.3.15　婴儿摇篮

（1）拿住框架有插销的一端；

（2）将框架上的插销分别插入插销孔内；

（3）支开摇篮，使底部支架支撑在隔板上；

（4）铺上婴儿被或毛毯。

注意：无论插销插入或拔出时，都要按住顶部释放钮；放好摇篮后必须确认是否牢固；只能在起飞后使用，下降时必须收回；必须将盖布扣好；收回时必须认真检查有无乘客物品，如奶瓶、奶嘴等。

## 四、反思与探究

### （一）客舱中发现有的乘客座椅上的安全带不能使用该如何处理

（1）如果在地面发现应报告乘务长，由机务人员检查处理；

（2）在空中发现可调整乘客座位；

（3）填写客舱故障记录本。

### （二）飞机上"禁止吸烟信号灯"为什么全程都亮着

根据《中国民用航空法》及相关国际公约，在民用航空器内全程禁止吸烟。

### （三）为什么飞机在起飞、下降、滑行时禁止打开行李架

飞机在起飞下降时坡度大，如果乘客在客舱站立或走动非常危险。并且在起飞下降过程中往往会受到气流的影响而产生颠簸，如果此时打开行李架会造成行李滑落，砸伤乘客。在民航局最新的客舱安全管理有关条例中有严格规定：飞机在滑行、起飞后的前20分钟和落地前的30分钟内，客舱乘务员禁止进行一切与安全无关的工作。乘客不能离开座位，不能开启行李架拿取行李也是为了确保乘客的安全。

## 五、巩固与拓展

### （一）空客320型飞机的乘客服务组件

空客320型飞机的乘客服务组件，如图2.3.16所示。

（1）信号牌（PIU，Passenger Information Unit）："请勿吸烟"、"系好安全带"信号牌开关在驾驶舱，每次开或关时均有单低音钟声；

（2）阅读灯；

（3）阅读灯开关；

（4）通风孔；

（5）氧气面罩；

（6）呼叫指示灯、座椅排号：当飞机在地面时有任何一个舱门打开，所有呼叫指示灯亮起，当所有舱门关闭后，呼叫指示灯全部熄灭；

（7）呼叫按钮；

（8）扬声器；

（9）液晶电视显示屏。

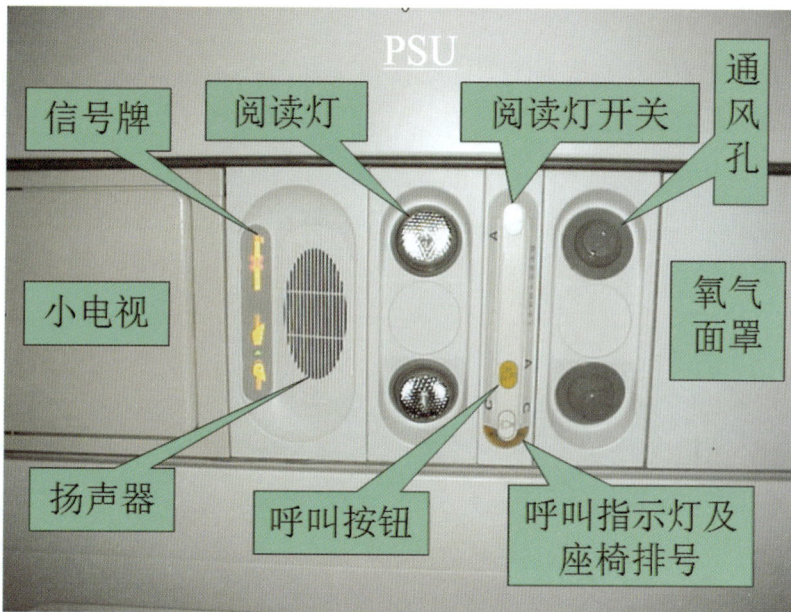

图 2.3.16　空客 320 型飞机的乘客服务组件

### （二）案例分析：行李砸伤乘客事件分析

某航班飞行中，客舱内忽然响起机长的广播："各位乘客，由于前方遇到强气流飞机将处于重度颠簸状态，请大家坐在座位上不要走动，系好安全带，卫生间暂时停止使用。"于是乘客纷纷系好安全带，乘务员在客舱巡视一遍，进行安全检查后回到自己的座位，系好安全带和肩带，随后飞机开始出现强烈颠簸，乘客感到很不舒服。忽然"砰"的一声，一名乘客捂着流血的头，行李架上的行李舱门打开，一个乘客的手提行李摔在地板上。原来行李架的门没有关好，行李掉下来正砸在乘客的额头上，使乘客头部受到伤害。

分析：这件事情的发生主要由于乘务员的疏忽，没有按照规定进行仔细认真的客舱安全检查。飞机在起飞、下降、着陆前，乘务员应提前进行客舱安全检查，并确认所有行李架门关闭锁好，才不会造成行李砸伤乘客的事故发生。

**思 考 题**

1. 头等舱和经济舱乘客座椅的区别在哪里?
2. 开启行李架时应注意什么?
3. 乘客座椅上方有哪些服务设施?
4. 婴儿摇篮何时使用?

# 模块四 波音737-800型飞机乘务员控制面板功能及操作方法

## 一、学习目标

1. 了解乘务员控制面板功能；
2. 能熟练操作前后乘务员控制面板、客舱灯光系统、水系统和通信系统。

## 二、工作任务

严格按照波音737-800型飞机客舱操作规则操作前后乘务员控制面板，保证客舱服务设备的安全使用。

（1）灯光系统操作；
（2）水系统操作；
（3）通信系统操作。

## 三、知行合一

### （一）熟练操作客舱乘务员控制面板

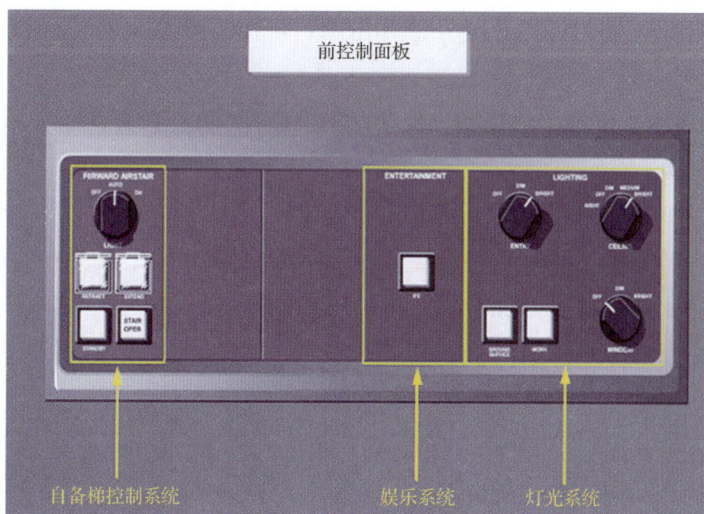

图 2.4.1 波音737-800型飞机的前乘务控制面板

1. 前乘务员控制面板操作（灯光系统）

波音737-800型飞机前控制面板上有自备梯操作开关、乘客娱乐系统电源开关、前舱灯光控制开关。（自备梯操作已在项目一中学习，娱乐系统操作将在模块六与模块七中学习。）

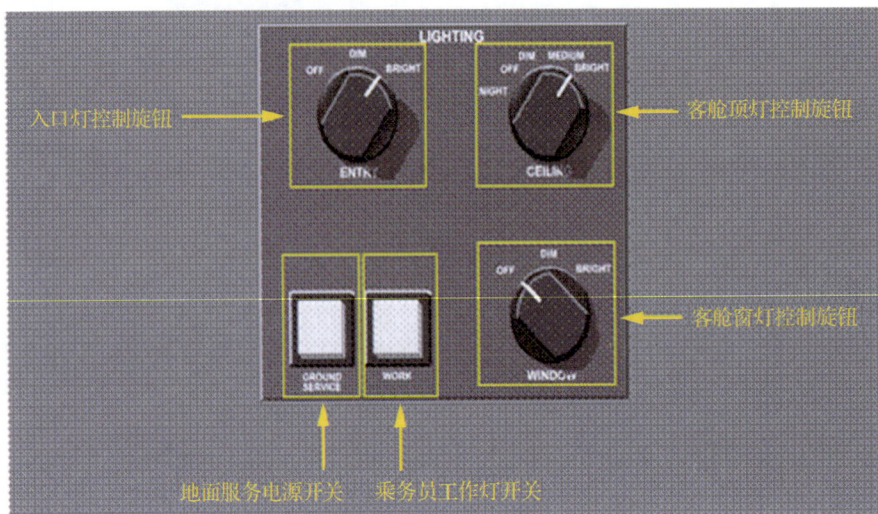

图2.4.2　前乘务员控制面板上的灯光控制按钮

前乘务员控制板上的灯光系统：

顶灯（CEILING LIGHT）开关分为 BRIGHT（亮）、MEDIUM（中）、DIM（暗）、OFF（关）、NIGHT（夜）五档，旋转调节开关；

窗灯（WINDOW LIGHT）开关分为 BRIGHT（亮）、DIM（暗）、OFF（关）三档，旋转调节开关；

入口灯（ENTRY LIGHT）开关，分为 BRIGHT（亮）、DIM（暗）、OFF（关）三档，旋转调节开关；

工作灯（WORK LIGHT）开关，按压调节即可；

地面电源开关由地面机务人员使用，乘务员需确认其在"OFF"位。

客舱顶灯（天花板灯光 CEILING）由五档开关控制：

夜间（NIGHT）——位于行李架顶部的白炽灯亮，这是灯光亮度的最低档；

关（OFF）——天花板灯光关闭；

暗（DIM）——最低档10%亮度；

中（MEDIUM）——中档50%亮度；

亮（BRIGHT）——最高档100%亮度。

客舱窗口灯（WINDOW LIGHT）由三档控制开关控制：

关（OFF）——关闭所有窗口灯；

暗（DIM）——最低档10%亮；

亮（BRIGHT）——最高档100%亮。

客舱前后机门入口处装有照明灯，分别由位于前后乘务员面板上的三档开关控制。

关（OFF）——除非提供外部电力，否则所有入口灯关闭，使用外部电力，灯光很暗；

暗（DIM）——10%亮度；

亮（BRIGHT）——100%亮度，同时打开门槛灯。

乘务员工作灯开关位于乘务员的工作区域控制面板上，每个乘务员工作区域都有工作灯。

此外，前卫生间壁板上方装有一个门槛灯。当飞机在地面停留时，机上所有供电系统是由地面电源车提供服务，此时卫生间的灯光照明位于亮档。在空中飞行期间，卫生间门打开时，灯光照明位于暗档，当乘客进入卫生间插好门锁时，灯光位于亮档。

前厨房灯光有高和低两种设定，由前厨房控制面板的开关控制。后厨房灯光开关在后乘务员控制面板上。

2. 后乘务员控制面板操作

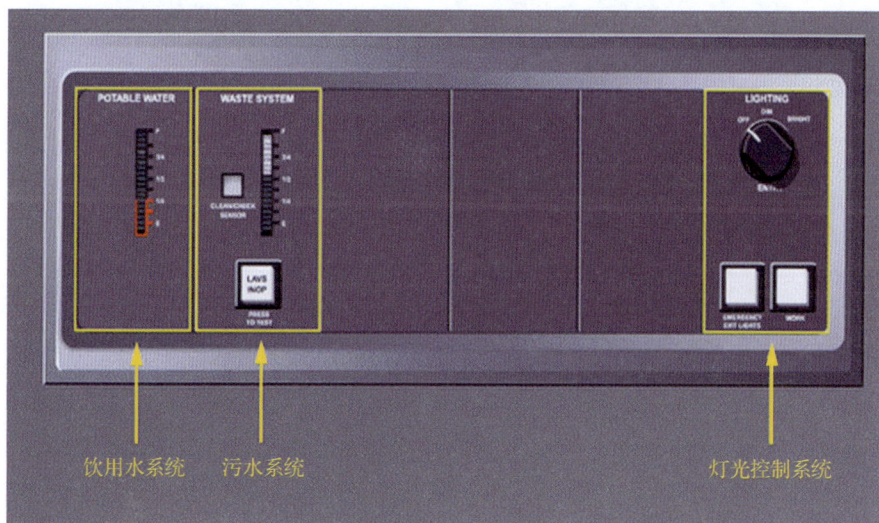

图 2.4.3　波音 737-800 型飞机的后乘务员控制面板

如图 2.4.3 所示，后乘务员控制面板有灯光控制系统、污水系统和饮用水系统。

1）灯光控制系统

后乘务员控制面板上有入口灯（ENTRY LIGHT）开关、工作灯（WORK LIGHT）开关。

入口灯开关分别有 BRIGHT、DIM、OFF 三档。

应急灯（EMERGENCY LIGHT）开关。（应急灯开关仅限应急情况下使用。）应急灯光用于指示出口位置，在应急情况下为飞机内部、外部出口提供照明。正常情况下，由驾驶舱控制应急灯开关。此开关在飞行前处"预位"（ARMED）状态。（在"预位"时，如果电源中断，所有内部、外部应急灯自动打开照明。无论驾驶舱的应急灯光开关在何位置上，乘务员可操作位于乘务员控制面板上的开关打开应急灯。）

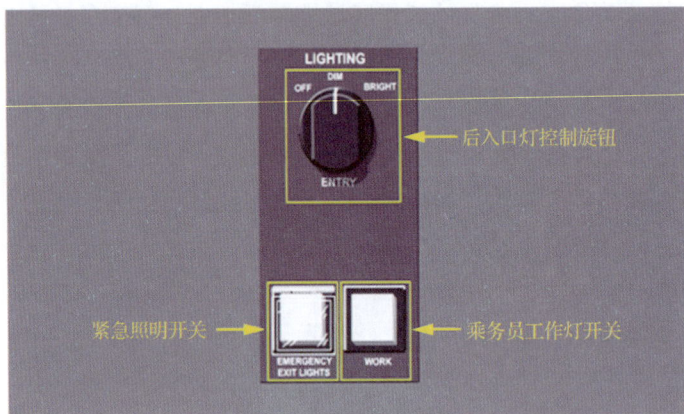

图 2.4.4　波音 737-800 型飞机的客舱应急照明开关

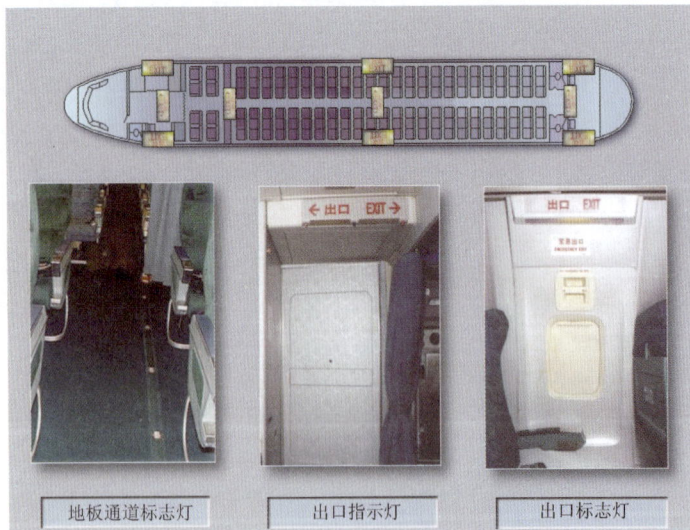

图 2.4.5　波音 737-800 型飞机的客舱应急灯

2）饮用水系统操作

水箱位于飞机后货舱一侧，容积 30 加仑。机上使用水经过滤后用压力泵压到厨房和卫生间（洗手盆）使用。

波音 737-800 型飞机的水表位于后舱乘务员控制面板上。灯亮的位置显示水量，E 为空，F 为满，五个灯全亮说明水满（其中有 1/2 水量、1/4 水量、3/4 水量）。

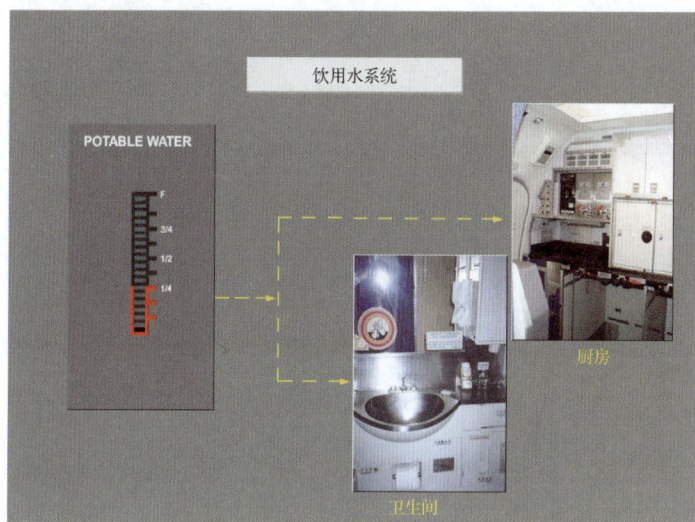

图 2.4.6　饮用水系统

3）污水系统操作

污水表位于后舱乘务员控制面板上。按下"CLEAN CHECK"键，检查污水量（最低两格为正常）。如果厕所马桶堵塞，可按"PRESS TO TEST"按钮，同时按下马桶冲水按钮即可疏通。

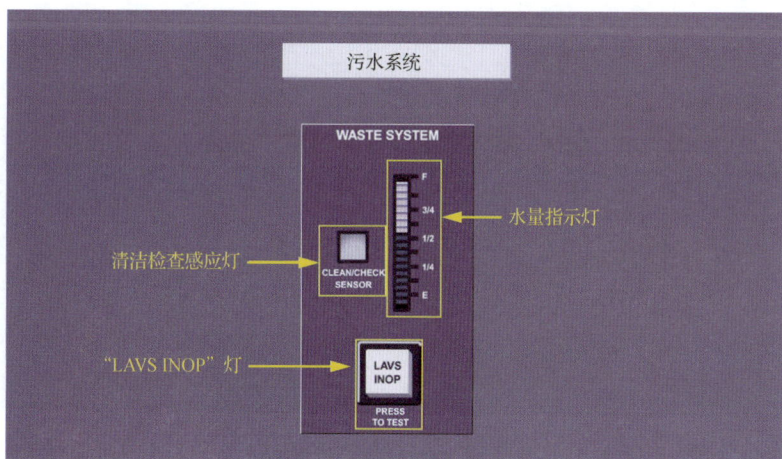

图 2.4.7　污水系统（一）

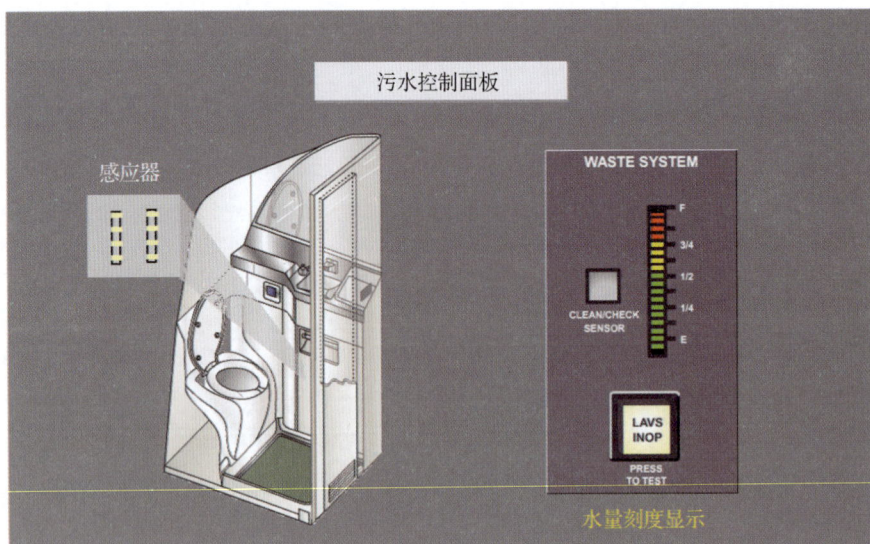

图 2.4.8　污水系统（二）

污水控制板上的显示，在绿色区域是正常，黄色区域是警告，红色区域是污水满且黄色灯亮，卫生间不能使用。

### （二）熟练操作客舱通信系统

1. 内话机／广播器的使用

呼叫驾驶舱按 2 键；呼叫前、后舱乘务员按 5 键；对客舱广播按 8 键，按住 PUSH TO TALK 键开始广播，使用完毕按下 RESET 键复位。

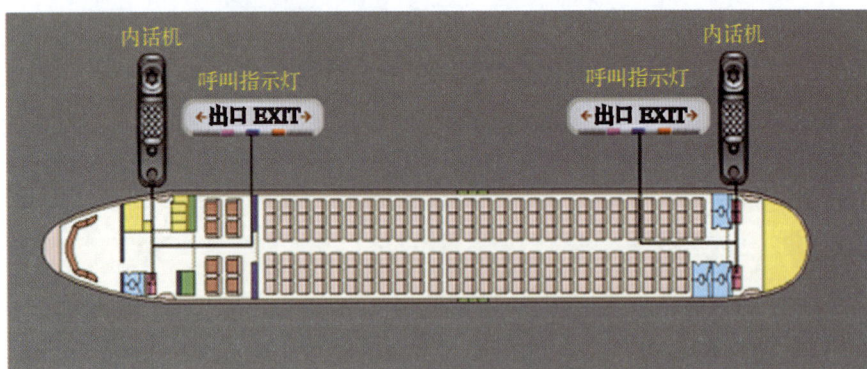

图 2.4.9　波音 737-800 型飞机的内话机及广播器

2. 注意事项

机组、乘务员、机上音乐三者的优先权为：机组广播优先于乘务员广播，乘务员广播优先于机上音乐。

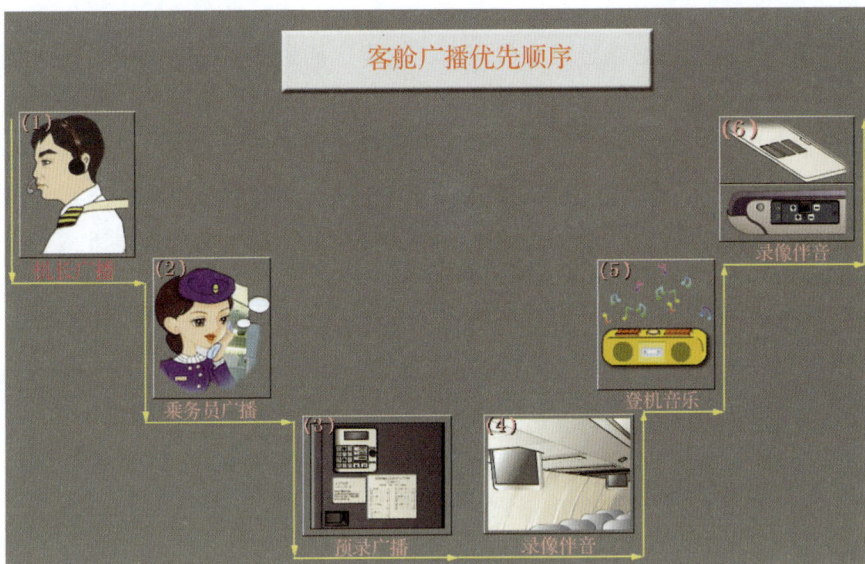

图 2.4.10　客舱广播优先顺序

## 四、反思与探究

### （一）灯光系统操作规则

客舱灯光分为"亮"档、"中"档、"暗"档和"夜航"档：

乘客登机之前、飞机着陆停稳后调至"亮"档；

飞机起飞，"系好安全带"灯灭后，提供餐饮客舱灯光保持"中"档；

播放安全须知时、飞机起飞前和飞机着陆前安全检查后，将客舱灯光调至"暗"档；

夜航飞行或播放电影时，客舱灯光调至"夜航"档，打开门槛灯。

### （二）广播和内话机故障处理

客舱与驾驶舱的内话联系如出现故障，乘务长必须报告机长启动另一种通讯联络方式。

乘务长将新的联络方式通知所有乘务员。

## 五、巩固与拓展

### （一）机内广播规定

负责广播的乘务员，必须经过专门培训，取得广播资格证书后方可上岗；保证相应的航线有相应语种广播；广播用语准确、规范，使用专用的广播词，广播员话语亲切自然，音量适中；广播语种顺序：中文、英文或其他相应语种；在条件允许的情况下分舱广播；长航线的夜航飞行，遇有航班延误，应及时广播通知乘客；乘务长要监督、指导广播的实施；广播器不允许借给他人使用；紧急情况下，乘务长负责广播。

### （二）客舱温度的调控

白天飞行时，客舱温度调至 20℃ ~ 22℃；夜间及乘客休息时，客舱温度调至 22℃ ~ 24℃，温度调控系统在驾驶舱。

### （三）客舱呼叫显示系统

客舱呼叫显示系统如图 2.4.11 所示。

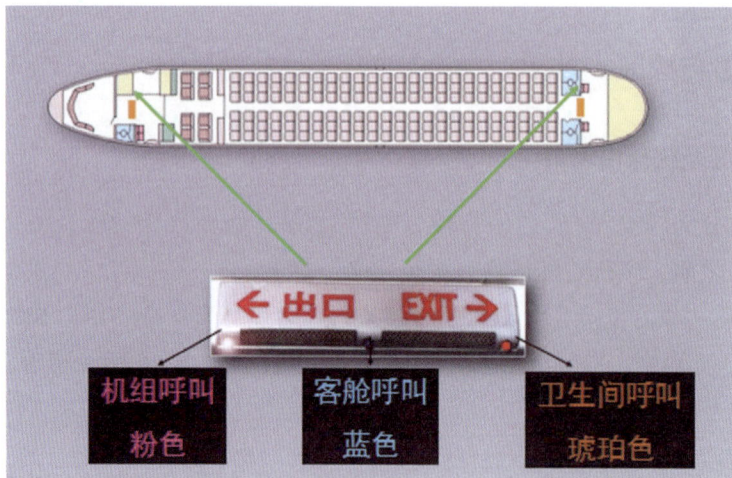

图 2.4.11　呼叫显示系统

呼叫显示灯在前后入口走廊顶棚上方的紧急出口处。

机组呼叫乘务员时，粉色灯亮，双音铃声，按电话机上的 RESET（复位）按钮即可解除；

乘务员之间呼叫时，粉色灯亮，双音铃声，按电话机上的 RESET（复位）按钮即可解除；

乘务员呼叫机组时，客舱内的显示灯不亮，驾驶舱内有蓝灯闪烁并有单音铃声；

乘客呼叫乘务员时，蓝色灯亮，高音铃声，按一下该呼叫乘客座椅上方亮起的呼唤铃按钮即可解除；

卫生间呼叫乘务员时，琥珀色灯亮，单高音谐音，解除时按一下卫生间外侧壁板上的琥珀色指示灯或在卫生间内重复按压呼叫按钮即可。

**思 考 题**

1. 波音 737-800 型飞机水表的位置？
2. 前、后舱乘务员控制面板都有哪些开关？
3. 什么时候不能给驾驶舱打电话？
4. 为乘客提供餐饮服务时客舱灯光应调到什么位置？
5. 紧急出口灯开关通常情况下在什么位置？

**操 作 训 练**

1. 机上内话机的使用。
2. 各种灯光在不同时间段的操作要求。

# 模块五　空客 320 型飞机乘务员控制面板功能及操作方法

## 一、学习目标

了解并能熟练操作前后乘务员控制面板、客舱灯光系统、水系统和通信系统。

## 二、工作任务

严格按照空客 320 客舱操作规则操作前后乘务员控制面板，保证客舱服务设备的安全使用。

（1）灯光系统操作；

（2）水系统操作；

（3）通信系统操作。

## 三、知行合一

### （一）认识空客 320 型飞机的乘务员控制面板

空客 320 型飞机上的控制面板共有 2 块，它可为乘客提供多种服务，能检测各种系统。

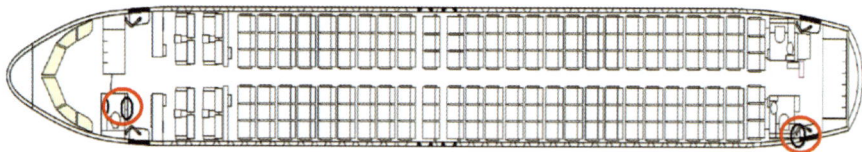

图 2.5.1　控制面板位置图

1. 认识前乘务员控制面板（FAP—Forward Attendant Panel）

前乘务员控制面板位于 L1 门乘务员座席上方壁板处，如图 2.5.2 和图 2.5.3 所示。该面板由音频系统、灯光系统、客舱门及滑梯预位显示系统、客舱温度控制系统、清水/污水显示系统五个部分组成。（音频系统将在模块七中详细介绍。）

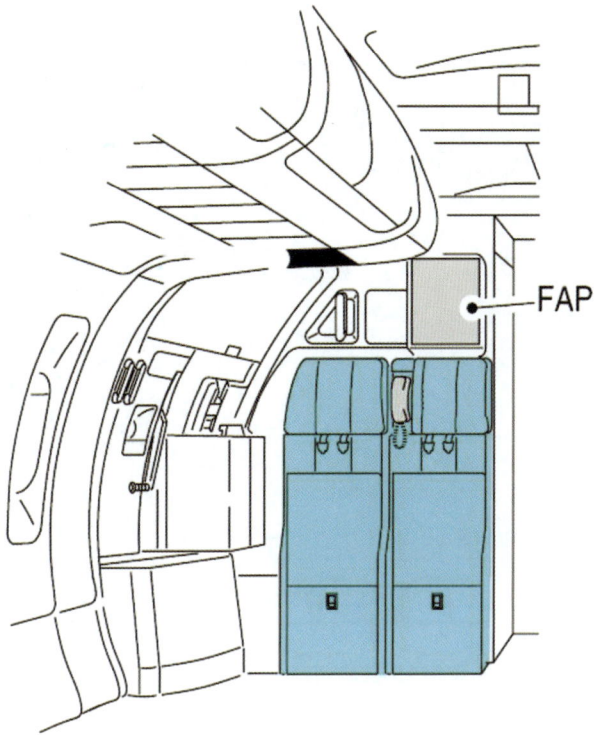

图 2.5.2　前乘务员控制面板（FAP）位置图

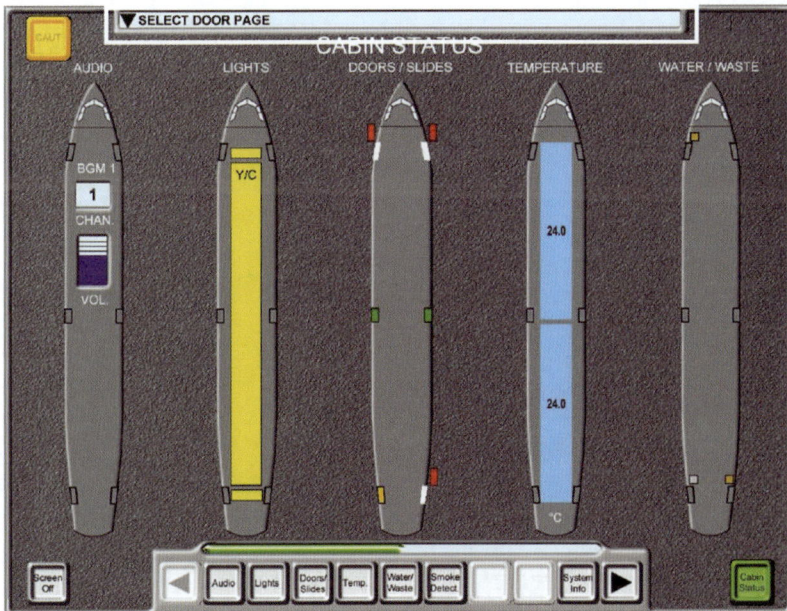

图 2.5.3　前乘务员控制面板（FAP）

1）客舱门及滑梯预位显示系统（DOORS/SLIDES）

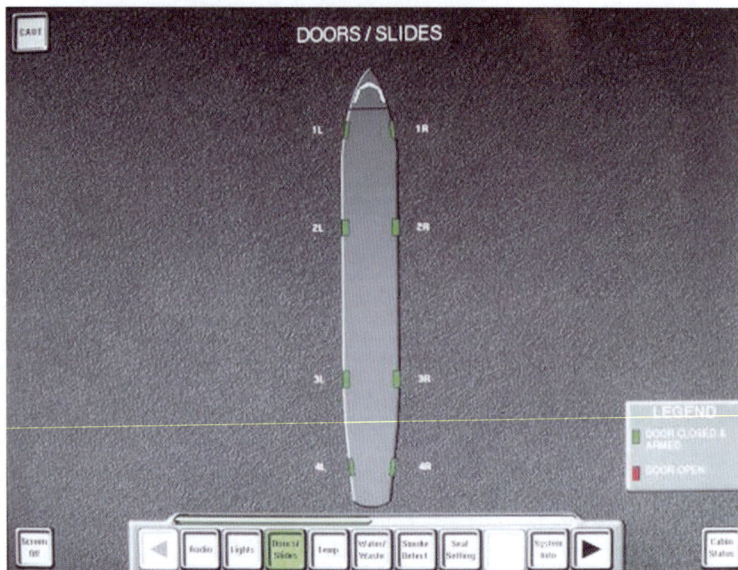

图 2.5.4　客舱门及滑梯预位显示系统

如图 2.5.4 所示，客舱门及滑梯预位显示系统有三种颜色：红色表示客舱门处于打开或未关好状态；黄色表示客舱门已正确关闭，滑梯在解除预位状态；绿色表示客舱门已正确关闭，滑梯在预位状态。

2）客舱温度控制系统（TEMPERATURE）

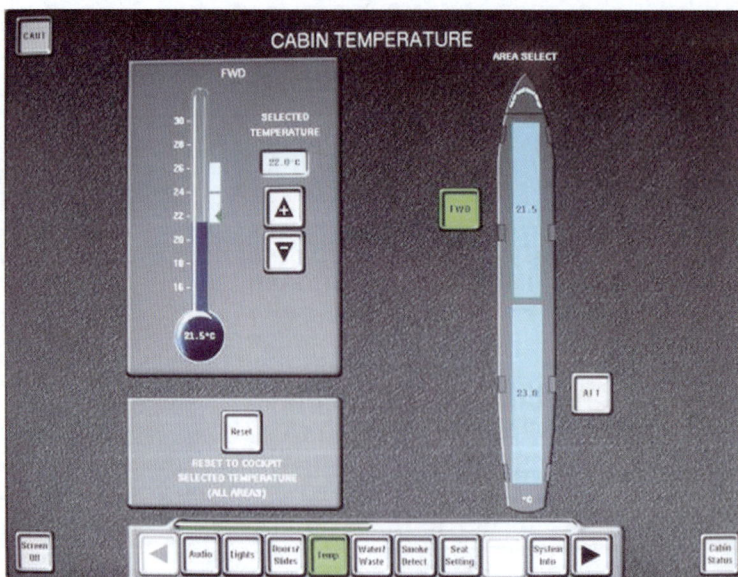

图 2.5.5　客舱温度控制系统

如图 2.5.5 所示，AREA SELECT 是区域选择键；FWD 是前部区域（客舱前半部分）选择键；AFT 是后部区域（客舱后半部分）选择键；"21.5"、"23.0" 为客舱实际温度，单位为摄氏度；Reset 表示恢复至驾驶舱设定的温度（全区域）。

客舱温度控制系统操作（以前部区域为例）：

点击"FWD"，按键变为绿色，左侧显示调节页面；

点击" + "或" - "提高或降低温度，每点击一次温度提高或降低 0.5℃。

"SELECTED TEMPERATURE"为目标温度；温度计右侧绿色箭头指示目标温度；温度计右侧浅色区域为温度调节范围——±2.5℃。

3）FAP 屏幕关闭（Screen Off）

图 2.5.6　屏幕关闭按钮

点击左下角"Screen Off"，触摸屏关闭，以起到屏幕保护作用；需要操作某一功能时，点击屏幕下方任意键即可。

4）功能键：屏幕下方

图 2.5.7　屏幕下方系统和功能键（一）

图 2.5.8　屏幕下方系统和功能键（二）

绿色滚动条：显示页面位置，1/2 长度说明主页面有 2 页，在左侧说明在第一页；

黑三角图标：向左/右翻页，灰色键为空白键，带有文字为可使用键；

Audio：进入音频系统；

Lights：进入灯光系统；

Doors/Slides：进入客舱门及滑梯预位显示系统；

Temp：进入客舱温度控制系统；

Water/Waste：进入水和污水系统；

System Info：进入系统信息页面；

FAP 调节系统：由机务人员使用；

Cabin Status：客舱状况。

注意：完成某一系统操作后即可返回到主菜单，需进入某一系统时可先回到客舱状况页面，再进入其他系统；也可选择点击系统及功能键，直接进入其他系统。

2. 认识后乘务员控制面板（AAP—Afterward Attendant Panel）

后乘务员控制面板位于 L2 门壁板处，由灯光系统和辅助指示面板（来电显示）组成。如图 2.5.9 和图 2.5.10 所示。

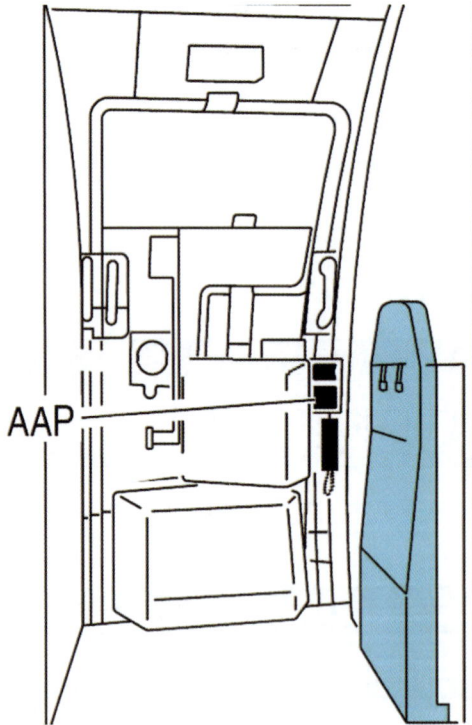

图 2.5.9　后乘务员控制面板位置图

图 2.5.10　L2 门控制面板

## （二）乘务员控制面板操作

1. 灯光系统操作

1）前乘务员控制面板（FAP）灯光系统操作

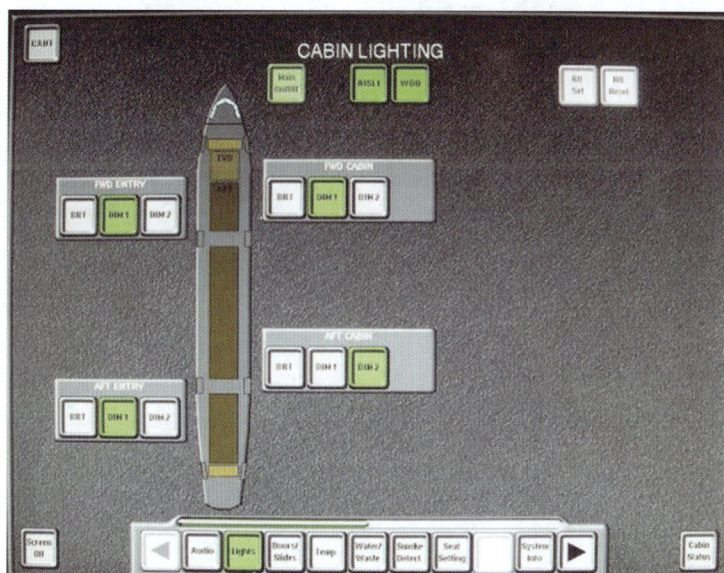

图 2.5.11　FAP 灯光系统

Main On/Off（总开关）可同时打开或关闭通道灯、窗灯、入口灯及厕所灯，打开时按键显示为绿色，关闭时为灰色。

AISLE：客舱通道灯（客舱顶灯）开关，可打开或关闭客舱通道灯。

WDO：客舱窗灯开关，可打开或关闭客舱窗灯。

R/L Set：阅读灯打开开关，可将阅读灯全部打开，方便机务人员或乘务员检查。

R/L Reset：阅读灯关闭开关，可将阅读灯全部关闭。

FWD：前入口灯开关，控制 L1 及 R1 门之间顶灯（入口灯），分为 BRT（100% 亮度）、DIM1（50% 亮度）、DIM2（10% 亮度）。

Y/C：客舱通道灯及窗灯开关。

AFT：后入口灯开关。

以上所有灯光按键为暗黄色，打开后呈绿色按键，点击任一绿色按键，将使灯光亮度调至"0"，即关闭；正常情况下，灯光亮度应逐级调整。

2）后乘务员控制面板（AAP）灯光系统操作

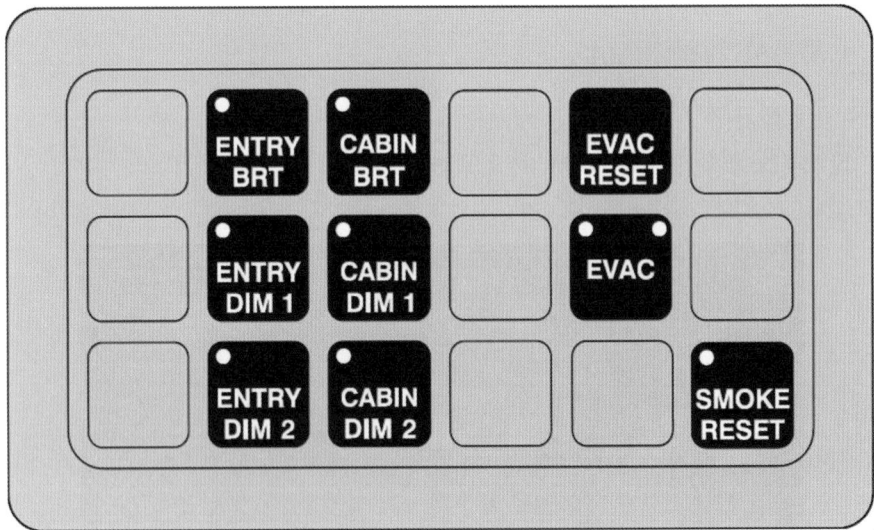

图 2.5.12 后乘务员控制面板

ENTRY 表示后入口灯，分为 BRT（100% 亮度）、DIM1（50% 亮度）、DIM2（10% 亮度）三档，点击当前绿色亮度等级键，即可将入口灯关闭。

CABIN 表示经济舱客舱灯，分为 BRT（100% 亮度）、DIM1（50% 亮度）、DIM2（10% 亮度）。

点击当前绿色亮度等级键，即可将打开的客舱灯关闭。

EVEC RESET（紧急情况自动报警解除键）：见应急课程。

EVEC（紧急情况自动报警键）：见应急课程。

SMOKE RESET（烟雾报警解除键）：见应急课程。

## 2. 客舱通信系统操作

空客 320 内话机/广播器使用：

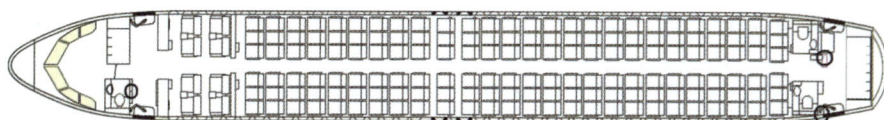

图 2.5.13　空客 320 内话机/广播器位置

驾驶舱内及各门乘务员座席处各有一个内话机（广播器），如图 2.5.13 所示。

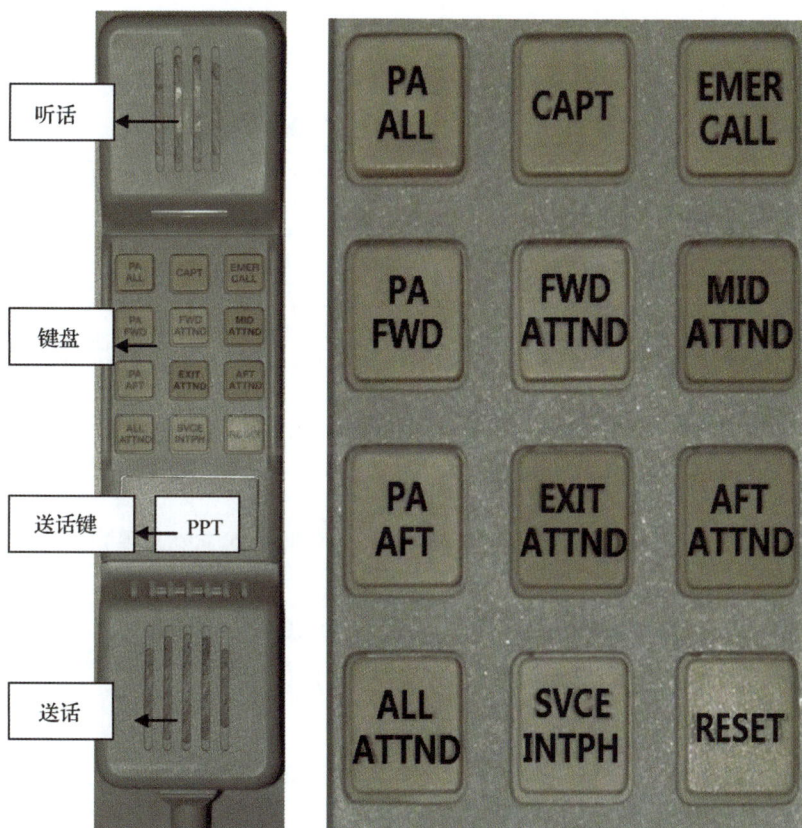

图 2.5.14　内话广播系统

如图 2.5.14 所示，内话机由听话、送话键、送话、键盘四个部分组成。

（1）呼叫驾驶舱（以 L1 门为例）：

取下内话机，AIP 显示"#"；

按"CAPT"，AIP 显示"CALL CAPT"；

等待应答；

通话完毕后，将内话机挂回。

（2）乘务员间内话呼叫（以 L1 呼叫 L2 或 R2 为例）：

取下内话机，AIP 显示"#"；

按"MID ATTND"，AIP 显示"CALL DOOR 2 ATTND"，等待应答；

L2 及 R2 门处响起高低双谐音一次"叮咚"，ACP 粉色灯亮，AIP 绿色灯亮，显示"CALL DOOR 1 ATTND"；

取下 L2 或 R2 门内话机即可接听；

通话完毕，将内话机挂回。

（3）乘务长呼叫全体内话：

取下内话机，AIP 显示"#"；

按"ALL ATTND"，AIP 显示"CALL ALL"，等待应答；

其他所有内话机处均会响起高低双谐音一次"叮咚"，ACP 粉色灯亮，AIP 绿色灯亮，显示"CALL ALL"；

取下内话机即可接听；

通话完毕，将内话机挂回。

注意：不要按送话键，否则声音会进入客舱广播；通话完毕，先按重置键后再将内话机复位；上机后应检查内话机工作状况。

（4）客舱广播操作

按 PA ALL 键，再按住送话键，对全客舱广播；

按 EMER CALL 键，再按住送话键，进行紧急呼叫（见应急课程）；

按 PA FWD 键，再按住送话键，对前舱广播；

按 FWD ATTND 键，再按住送话键，呼叫 1 号门内话机；

按 MID ATTND 键，再按住送话键，呼叫 2 号门内话机；

按 PA AFT 键，再按住送话键，对后舱广播；

按 SVCE INTPH 键，再按住送话键，呼叫地面机务；

按 RESET 键，重置内话机，并将内话机复位。

注意：上机后需检查广播系统工作状况；广播时不可吹或拍打麦克风；广播完毕后可先按重置键，挂机复位，以免有噪音进入客舱。除特殊情况外，不要使用机组全体呼叫，否则会影响驾驶舱工作。

3. 认识空客 320 型飞机的水系统

1）水和废污系统（WATER/WASTE）

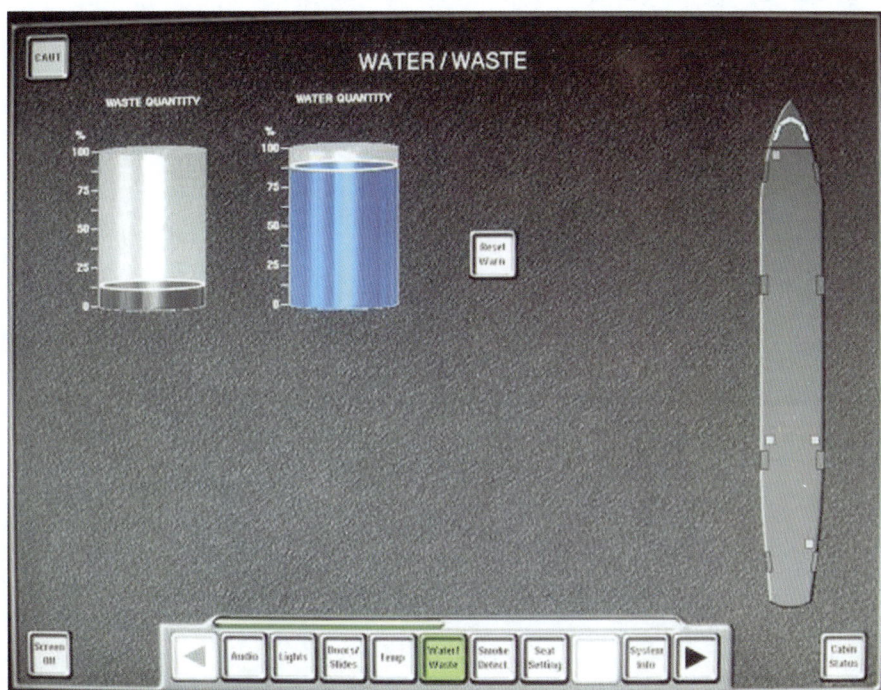

图 2.5.15　清水/污水显示系统

如图 2.5.15 所示，WASTE QUANTITY 表示污水量，左侧刻度显示污水箱水量，用百分比显示，起飞前应在"0"位。

WATER QUANTITY 表示清水量，左侧刻度显示清水（饮用及洗手水）量；用百分比显示，起飞前应在"100%"位。

2）水箱

水箱位于飞机的货舱后部，容积为 200 升。

3）水表

水表位于 L1 门 FAP 上。

4）水循环

如图 2.5.16 所示，通过水泵把水从水箱输送到各用水设备，包括厨房、卫生间洗手盆及马桶；厨房和卫生间洗手盆废水经过滤、净化后，通过机腹部两根可以加热的金属排水杆排出机外，排水杆在机外部为鳍状。

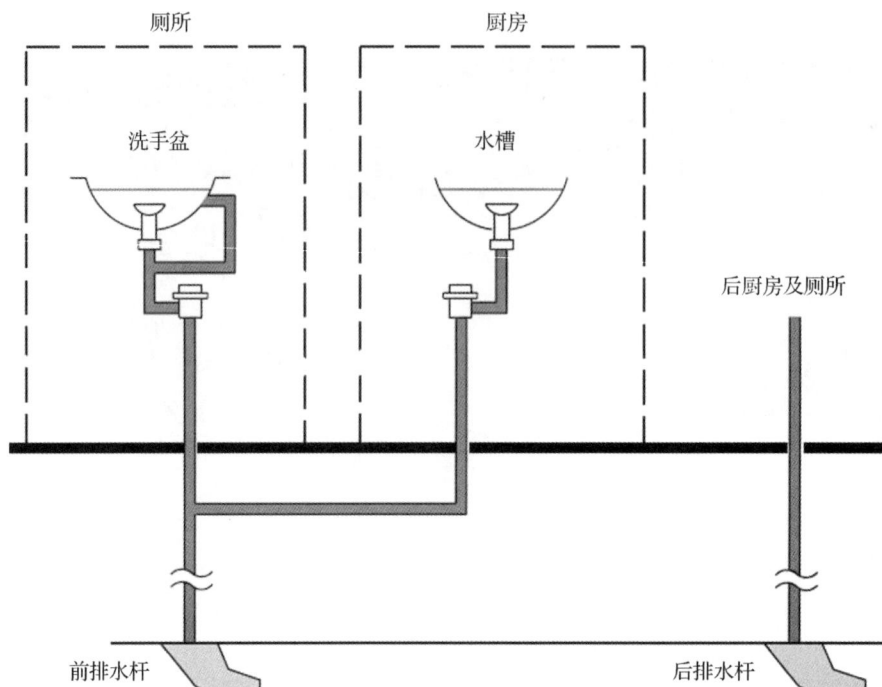

图 2.5.16　水循环示意图

5）马桶水

马桶水有单独的污水箱，马桶水在地面排放到专用的污水车。

## 四、反思与探究

波音 737-800 与空客 320 乘务员控制面板的主要区别有哪些？

## 五、巩固与拓展

### （一）前一代空客 320 型飞机的 L1 门控制面板

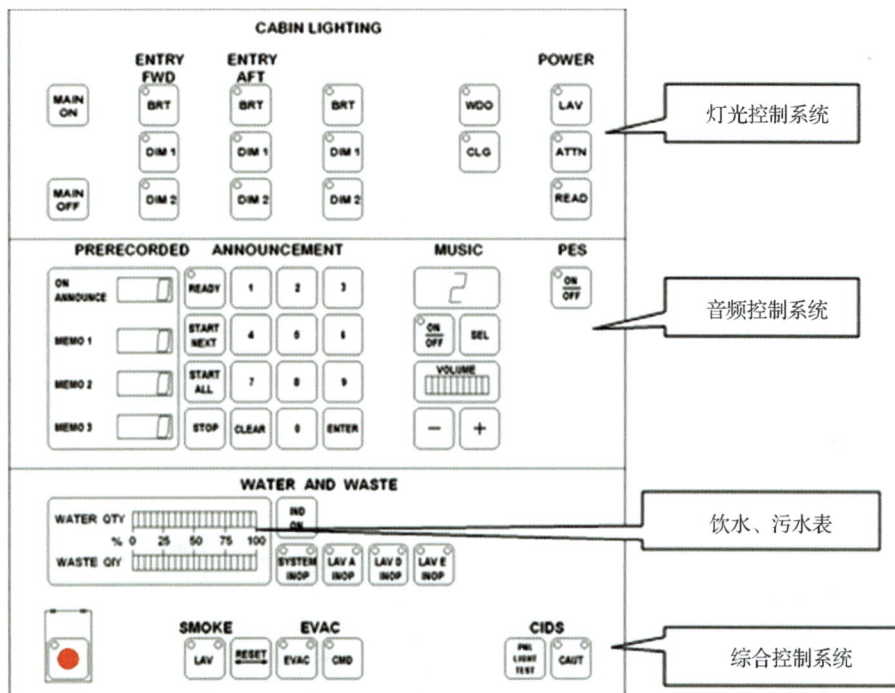

图 2.5.17  部分 L1 门控制面板

#### 1. L1 门控制面板灯光系统操作

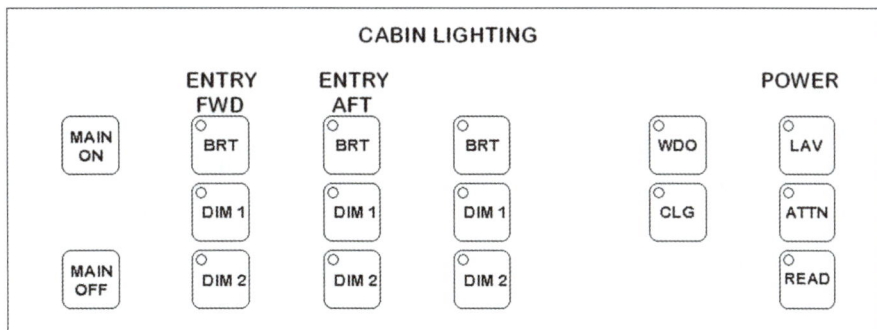

图 2.5.18  L1 门灯光控制面板

（1）MAIN ON：灯光系统打开，可同时打开前后入口灯、客舱顶灯、客舱窗灯、厕所灯、乘务员工作灯及乘客阅读灯。

（2）MAIN OFF：灯光系统关闭，可同时关闭前后入口灯、客舱顶灯、客舱窗灯、厕所灯、乘务员工作灯及乘客阅读灯。

（3）ENTRY FWD：前入口灯（L1 门与 R1 门之间顶板处）开关。

ENTRY AFT：后入口灯（L2 门与 R2 门之间顶板处）开关。

（4）CABIN LIGHTING：客舱灯开关。

客舱灯开关分为 BRT（亮度 100%）、DIM1（亮度 50%）、DIM2（亮度 10%），使用时重复点击所在档位按键，该部分灯光将会关闭。

（5）WDO：客舱窗灯开关。

（6）CLG：通道灯（客舱顶灯）开关，如图 2.5.19 所示。

图 2.5.19　客舱顶灯和窗灯

（7）POWER：其他灯光电源开关

LAV：厕所灯电源开关；

ATTN：乘务员工作灯电源开关；

READ：乘客阅读灯电源开关。

注意事项：每个按键的左上角内藏指示灯，当打开此档位时，绿色指示灯亮，关闭时橙色指示灯亮。

## 2. L2 门控制面板灯光系统操作

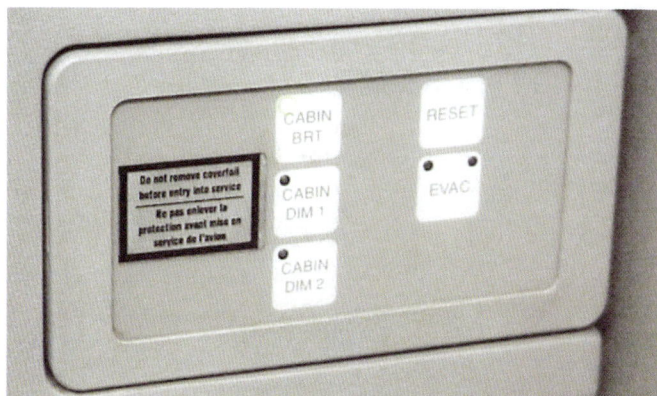

图 2.5.20　L2 门灯光控制面板

（1）BRT：100% 亮度；

（2）DIM1：50% 亮度；

（3）DIM2：10% 亮度；

（4）重复点击所在档位按键，该部分灯光将会关闭。

3. 认识空客 320 的辅助指示面板（AIP—ADDITIONAL INDICATION PANEL）（来电显示）

图 2.5.21　辅助指示面板

左侧红灯（发光二极管）在有紧急呼叫时闪亮提示；右侧绿灯在有正常呼叫时绿灯亮起提示；中间为液晶显示屏，可显示两行英文字母或数字。

### （二）认识空客320的呼叫显示系统

1. 乘客呼叫按钮

（1）客舱呼叫按钮在PSU面板上：

当飞机在地面有舱门打开时，如有乘客呼叫，PSU面板上呼叫指示灯闪亮，没有谐音；

当舱门全部关闭后，如有乘客按呼叫铃，乘客PSU上指示灯亮，同时伴有一声单谐音；

乘务员座椅上方ACP蓝色灯亮；

AIP绿色灯亮，显示呼叫位置排数及左右（L或R）；

乘务员座席处可听到单高谐音"叮"一声。

解除方法：按该PSU呼叫按钮。

（2）卫生间有乘客呼叫时：

外部壁板上方琥珀色灯亮；

AIP绿色灯亮，显示发出呼叫卫生间位置（LAV A：L1门卫生间，LAV D：L2门卫生间，LAV E：R2门卫生间）；

乘务员座席处可听到单高谐音"叮"一声。

解除方法：按该卫生间内呼叫按钮或按外部壁板上方琥珀色灯。

2. 呼叫后显示

在乘务员座席上方分别有区域呼叫显示面板（Area Call Panel），如图2.5.22所示。

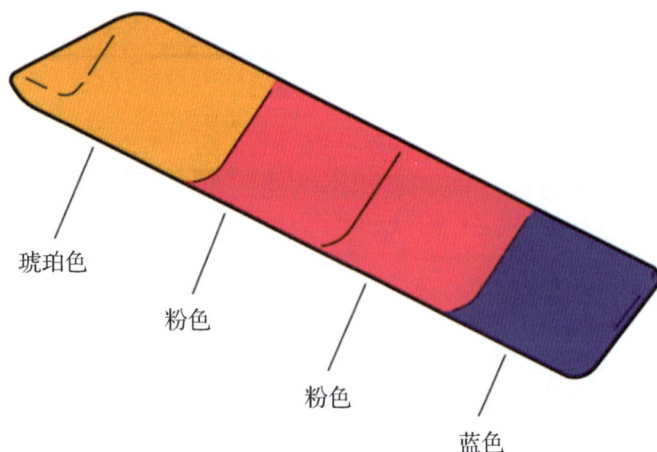

琥珀色
粉色
粉色
蓝色

图2.5.22 区域呼叫面板（ACP）

琥珀色灯亮表示厕所呼叫或卫生间烟雾报警；

粉红色灯亮表示驾驶舱内话呼叫及乘务员之间内话呼叫；

蓝色灯亮表示乘客呼叫。

如图 2.5.23 ~ 图 2.5.25 所示。

图 2.5.23　卫生间呼叫指示

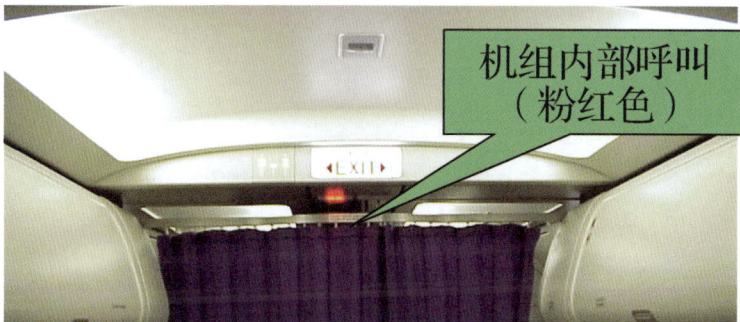

图 2.5.24　机组呼叫指示

图 2.5.25　乘客呼叫指示

**思 考 题**

1. 什么时候不能给驾驶舱打电话？

2. 为乘客提供餐饮服务时客舱灯光应调到什么状态？

3. 紧急出口灯开关通常情况下在什么位置？

4. 操作训练：

（1）客舱灯光操作训练。

（2）呼叫显示系统操作训练。

（3）机上内话机的使用。

# 模块六　波音 737-800 型飞机娱乐系统设备功能及操作方法

## 一、学习目标

1. 了解波音 737-800 型飞机娱乐设备的音频和视频系统功能；
2. 熟练操作波音 737-800 型飞机音频娱乐系统；
3. 正确使用波音 737-800 型飞机视频娱乐系统。

## 二、工作任务

严格按照波音 737-800 型飞机客舱操作规则操作客舱音频、视频系统，保证客舱娱乐设备处于正常适用状态。

（1）预录广播；

（2）播放登机音乐；

（3）放映视频节目。

## 三、知行合一

### （一）音频控制面板操作

1. 认识音频控制面板

音频控制面板如图 2.6.1 所示。

数字——数字键盘；

ANNC——预录广播；

MUSIC——登机音乐；

VOLUME——音量调节；

START——开始；

STOP——停止。

预录广播和登机音乐播放系统位于 L1 门乘务员座席上方，由地面机务人员把各种广播内容和音乐提前输入到该系统，乘务员在正常情况和应急情况下播放预录广播

（正常情况下预录广播主要有起飞前欢迎、起飞后广播、飞机下降前广播及落地后广播）。在登机和下机时播放登机音乐，播放期间显示屏内显示播放内容。

图 2.6.1　音频控制面板

2. 播放预录广播

按 ANNC 键；

按一组数字键（以 3 位数字为一组内容，例如 101 为欢迎词、201 为舱门关闭广播），READY 亮；

按 START 键，开始对外播放；

按 STOP 键，播放停止。

3. 登机音乐播放

按 MUSIC 键；

按 1 或 2 或 3 或 4 键（内有预录共四个单元不同风格的音乐，以一位数字为一个单元），READY 亮；

按 START 键，开始对外播放；

调节音量至适中，以不影响客人谈话为宜；

按 STOP 键，播放停止。

（二）视频系统操作

1. 认识视频系统

视频控制面板位于 L1 门储物柜内，视频系统由 1 台视频系统组件、2 台录像机、

20 台液晶显示屏（客舱顶部）三部分组成。如图 2.6.2 和图 2.6.3 所示。

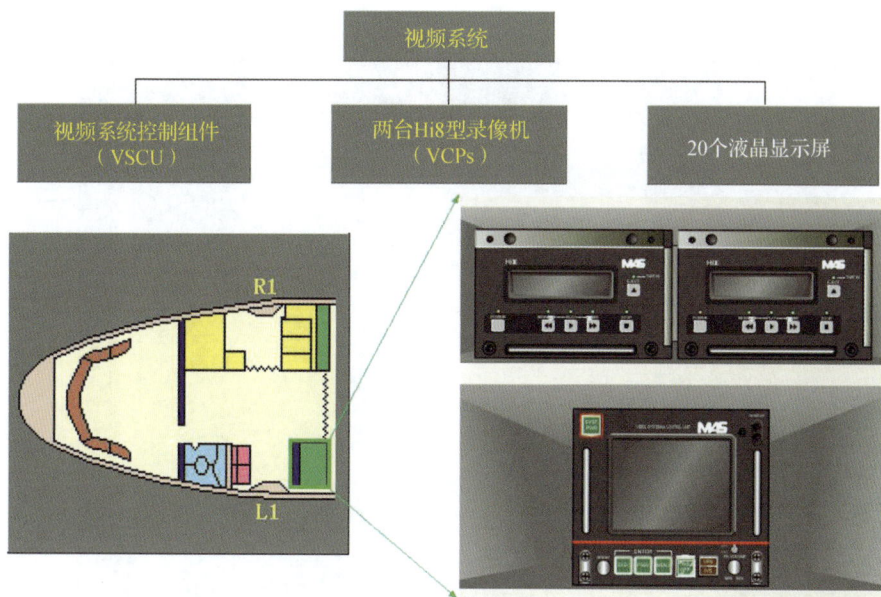

图 2.6.2 视频系统

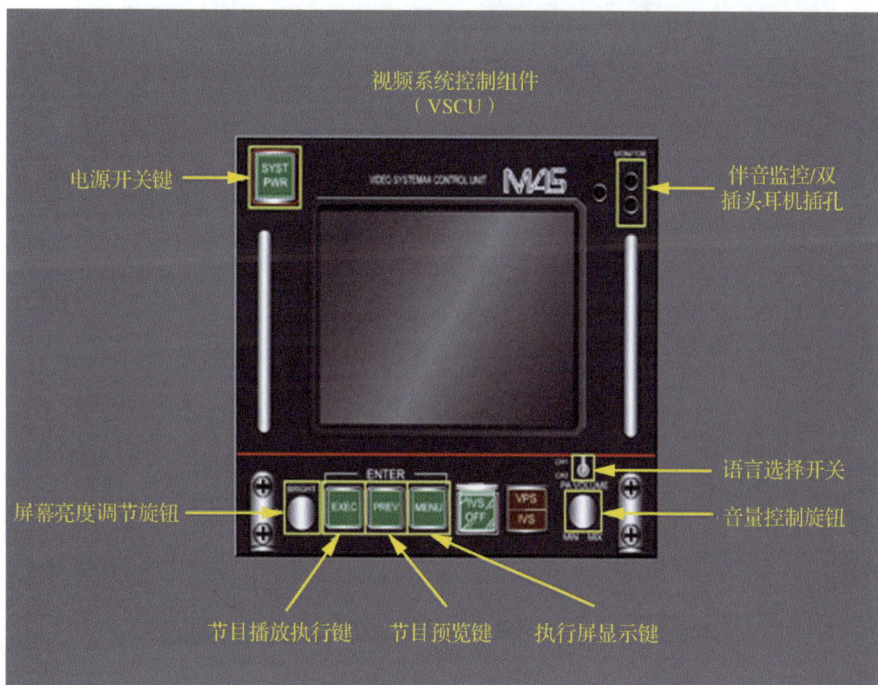

图 2.6.3 液晶显示屏

2. 操作视频系统

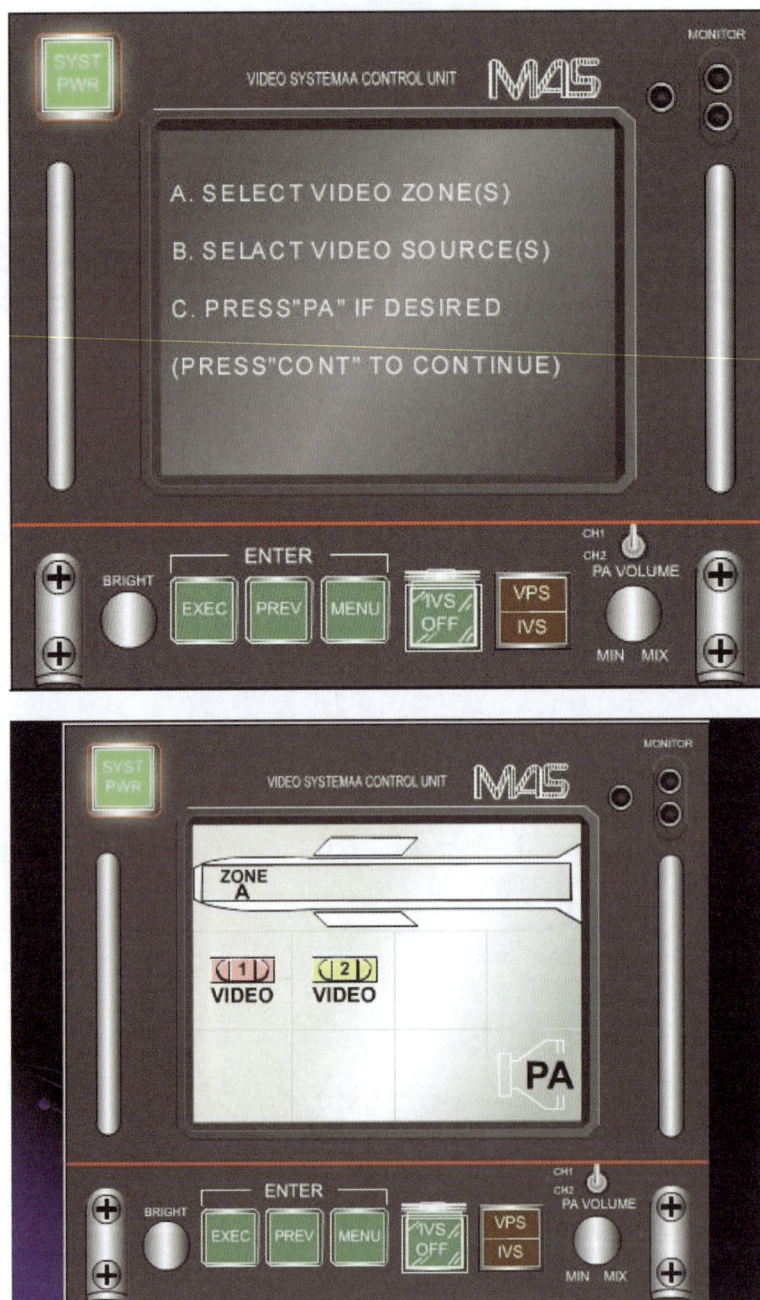

图 2.6.4　操作视频系统

1）预放（不对客舱播放）电视节目

按［SYST PWR］键，打开电源；

轻触屏幕上闪烁的［CONT］；

在放映屏幕上选择闪烁的区域［ZONE A］；

轻触［VIDEO 1］或［VIDEO 2］选择录像机；

在 VSCU 控制面板上按［PREV］键；在视频预映屏幕/插入磁带显示上，轻触［VIDEO］；

在 VCP 控制屏幕上轻触［PLAY］；

感到满意时，在 VCP 控制屏幕上按［STOP］和［REW］键；

放映时，在 VSCU 控制面板上轻触［EXEC］键。

2）直接放映视频节目

按［SYST PWR］键，打开电源；

轻触屏幕上闪烁的［CONT］；

在 VCP 内插入磁带；

在放映屏幕上选择闪烁的区域［ZONE A］；

轻触［VIDEO 1］或［VIDEO 2］；

在 VSCU 控制面板上轻触［EXEC］键。

3）伸缩式电视屏使用

乘务员按［EXEC］键时，客舱顶部 20 部电视显示屏向下放出。

显示屏在向下放出过程中如果碰到物体将自动收回，并且在 5 或 10 秒钟之内再次放出，反复三次后不再向下放出。

图 2.6.5　伸缩式电视屏

4）录像机（VCP）使用

开启电源，VCP 上的电源键将发出绿色的光；当磁带被正确插入录像机时录像机上橘黄色指示器灯亮；

控制面板上的功能键操作：STOP（停止），REW（倒带），PLAY（放映），FF（快进）和 EJECT（退出录像带）；

按 PLAY 放映键，录像机开始播放。

## 四、反思与探究

客舱内进行娱乐广播时，如果驾驶舱开始广播，娱乐系统会自动停止，为什么？

因为客舱播音必须遵循严格的播放等级：级别最高的是驾驶舱，依次为内话机拨号、录像机、登机音乐、乘客娱乐系统。

## 五、巩固与拓展

飞机安装音频和视频系统的原因探析：

机载娱乐（IFE）系统的出现时间并不长，但随着数字化技术的应用和发展，从播放电影、电视、小专题、新闻到音频节目、目的地信息、三维移动地图显示、广告以及登机门信息等，内容越来越丰富。

乘客在飞机上能享受音乐、视频、游戏、上网等服务，甚至可以观赏飞机高度及方位的显示。为了方便乘客的手提电脑或其他个人电子设备的使用，有的飞机安装了不同型号的电源接口和电源。目前许多航空公司的远程航班上，每位乘客只需通过手中的控制面板就可以独立选择自己喜欢的视频和音频。

很多航空公司的飞机上还装有 Airshow（飞行信息显示系统）设备，乘客通过 Airshow 可了解到自己所乘飞机的高度、速度、方位、途经地标、外界温度、终点站温度及到达时间等。有的航空公司还可提供各种类似于新闻、天气以及商务报道等信息服务。

卫星电视也渐渐进入了商用飞机中，这样乘客就不必担心会错过喜爱的节目。卫星电视由机舱内的计算机进行控制，通过飞机上的导航系统获取信息来跟踪卫星方位。

**思 考 题**

1. 机上视频系统由哪些部分组成？
2. 音频/视频系统有哪些使用注意事项？
3. 操作训练：
（1）客舱音频系统操作训练。
（2）客舱视频系统操作训练。

# 模块七　空客 320 型飞机娱乐系统功能及操作方法

## 一、学习目标

1. 了解并熟悉空客 320 机型的音频、视频系统功能；
2. 正确操作空客 320 型飞机的音频娱乐系统；
3. 熟练使用空客 320 型飞机的视频娱乐系统。

## 二、工作任务

（1）播放预录广播；
（2）播放登机音乐；
（3）放映视频节目。

## 三、知行合一

### （一）音频系统（AUDIO）操作

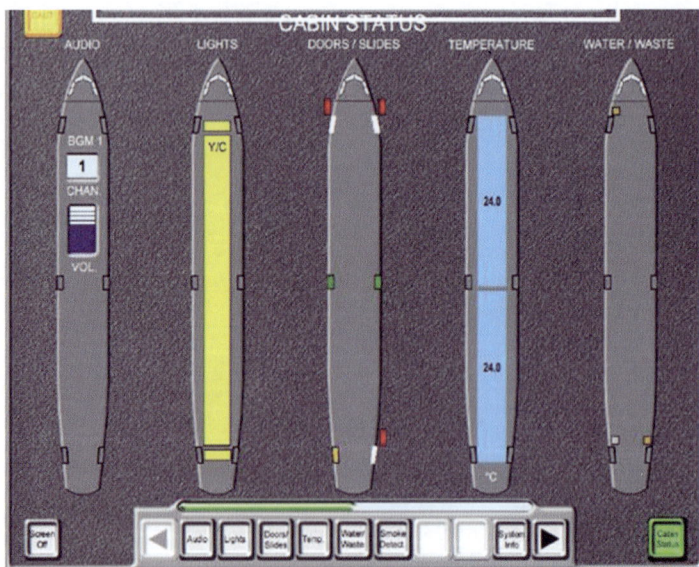

图 2.7.1　音频系统（左一）

如图2.7.1所示，前乘务员控制面板上有音频系统（五个控制系统中第一个就是）。

1. 播放 BOARDING MUSIC（登机音乐）：BGM 1（Back Ground Music 背景音乐）

1）认识 BOARDING MUSIC 操作按钮

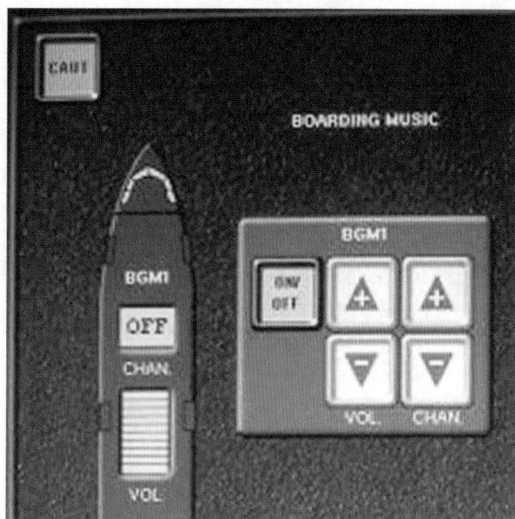

图2.7.2　登机音乐操作屏

如图2.7.2所示，CHAN 表示频道；条形显示 VOL 表示音量。中间方块面板（BGM1）上，ON/OFF 是登机音乐开关；VOL 可以调节音量，"＋"表示增大、"－"表示减小；CHAN 用于选择频道，"＋"表示上调、"－"表示下调。

2）播放登机音乐

点击"ON/OFF"，开关键变为绿色；

显示频道及音量指示灯亮（左侧飞机图形状为音频和音量显示表）；

根据需要调节频道及音量；

播放完毕后，点击"ON/OFF"，开关键变为灰色；

频道及音量显示屏变关闭。

3）注意事项

登机音乐在乘客登机及下机时播放；频道及音量要预先调试好；调节音量应由小到大；音乐应以轻松欢快的旋律为佳；音量调节应适中，以不影响两人谈话为宜。

## 2. 预录广播（PRERECORDED ANNOUNCEMENT）

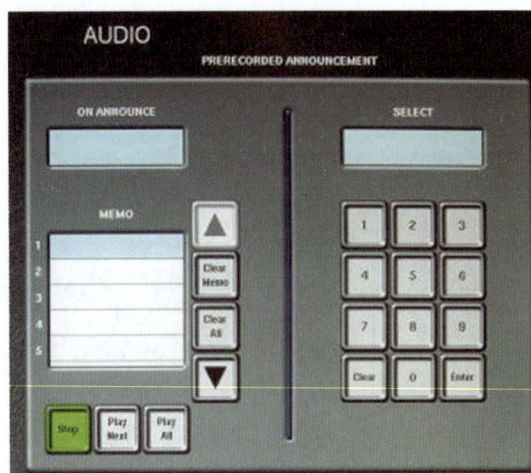

图 2.7.3　预录广播操作显示屏

1）认识预录广播操作显示屏（左侧显示屏）

如图 2.7.3 所示，ON ANNOUNCE 显示正在广播，下方显示编号；MEMO 表示记忆项目编号，下方显示编号：

"▲"：向上翻页；

Clear Memo：清除记忆编号，只清除所选择的项目编号；

Clear All：清除全部记忆项目编号；

"▼"：向下翻页；

Stop：停止播放；

Play Next：播放下一个记忆项目；

Play All：播放所有记忆项目；

SELECT：选择区（右侧显示屏）：

"1～0"：数字号码；

Clear：清除，清除数字号码；

Enter：输入，将项目编码输入记忆项目。

2）播放预录广播

在右侧点击正确的项目编号；

点击"Enter"，输入至左侧记忆项目（可输入多个项目编号）；

点击"Play All"全部播放，或"Play Next"逐一播放；

播放完毕后，清除所有记忆项目编号。

注意事项：目前仅用于紧急情况下的广播；广播项目编号各航空公司制定并录入。

## 四、反思与探究

1. 起飞、下降时电视节目可以继续播放吗？

2. 客舱安全演示什么时候播放？

## 五、巩固与拓展

空客320型飞机娱乐系统操作（触摸式）

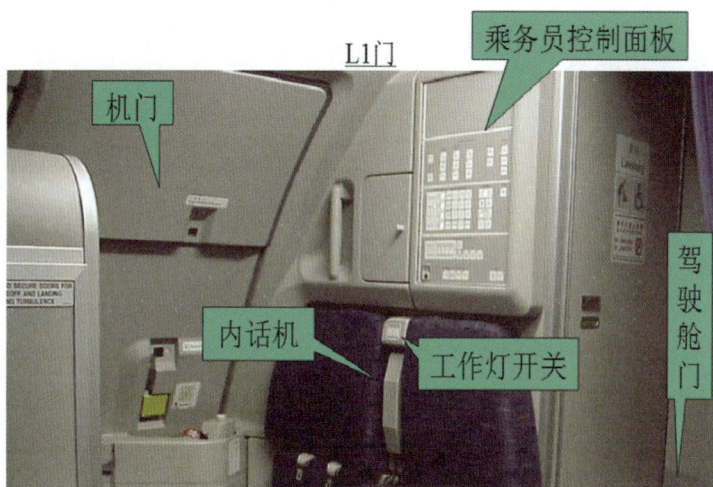

图2.7.4　空客320娱乐系统位置

1. 预录广播系统（PRERECORDED ANNOUNCEMENT）

如图2.7.5所示：

（1）左侧：广播及记忆项目系统

①ON ANNOUNCE：正在广播项目；

②MEMO 1：记忆项目1；

③MEMO 2：记忆项目2；

④MEMO 3：记忆项目3。

（2）右侧：操作系统

①READY：系统准备好，左上角内藏指示灯亮；

②START NEXT：广播下一个记忆项目；

③START ALL：广播所有记忆项目；

④STOP：停止广播；

⑤1～0：数码键；

⑥CLEAR：清除键；

⑦ENTER：输入键。

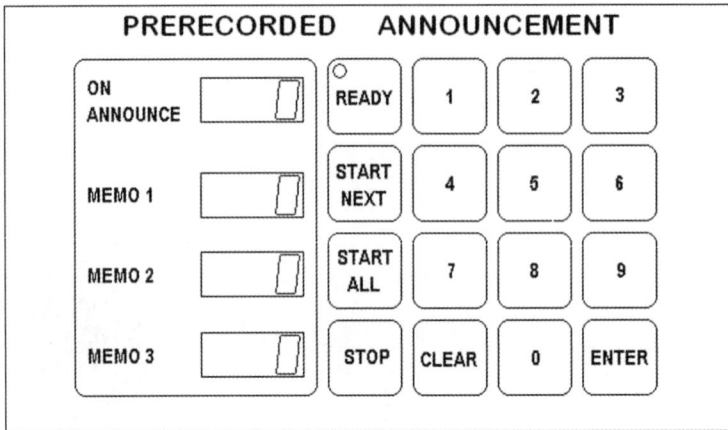

图 2.7.5　预录广播系统

2. 登机音乐系统（MUSIC）

如图 2.7.6 所示：

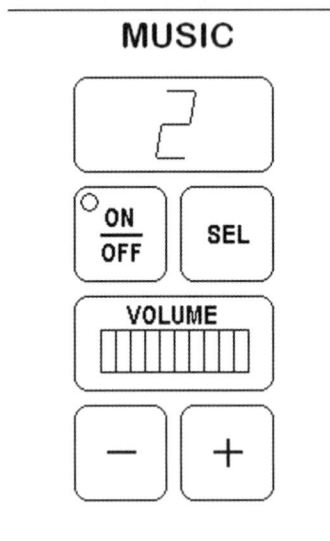

图 2.7.6　登机音乐系统

（1）上部显示屏：显示音乐频道；

（2）ON/OFF：系统开关；

（3）SEL：频道选择键；

（4）VOLUME：音量显示；

（5）"－"：音量减小；

（6）"＋"：音量增加。

3. 乘客娱乐系统（PES）

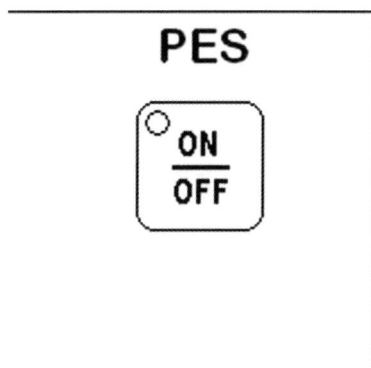

图 2.7.7　乘客娱乐系统

如图 2.7.7 所示：

（1）乘客娱乐系统开关。

按下 ON：乘客娱乐系统（PES）电源接通内藏指示灯亮；

按下 OFF：系统关闭，内藏指示灯灭。

（2）如果此开关在关闭位，则乘客耳机内无声。

思 考 题

1. 机上视频系统由哪几部分组成？

2. 音频/视频系统使用注意事项？

3. 操作训练：

（1）客舱音频系统操作训练。

（2）客舱视频系统操作训练。

# 项目三
# 客舱应急设备

## 项目提示

　　为了保证每位乘机人员的安全，在每架运载乘客的运输机上都配备规定种类和数量的应急设备。不同的应急设备分布在客舱不同的区域，如海伦灭火瓶在厨房和驾驶舱附近位置，因为厨房和驾驶舱是电源比较集中的地方；应急手电筒在每位乘务员的坐席下方储藏柜，方便使用携带。客舱乘务员不仅要熟知应急设备的位置、数量、功能，更要熟练操作应急设备和管理好应急设备，才能及时、正确地处置各类突发的应急情况，保证客舱安全和乘客安全。

　　安排每六个同学组成一个乘务组，以乘务组的形式进行项目实训：熟悉客舱应急设备（供氧与急救设备、灭火设备、紧急撤离设备）的存放位置，正常情况下能检查应急设备是否处于待用状况，紧急情况下能正确操作应急设备；完成客舱设备常见故障的记录存档并掌握其处理方法，能自觉遵守客舱安全操作规则。

# 模块一 客舱供氧与应急医疗设备的功能及使用方法

## 一、学习目标

能正确使用波音 737-800 型飞机客舱供氧与应急医疗设备，在任何突发情况下都能熟练使用供氧与应急医疗设备：

（1）了解客舱供氧的基本常识；

（2）熟悉客舱供氧与应急医疗设备的存放位置；

（3）能正确使用客舱供氧与应急医疗设备。

## 二、工作任务

（1）模拟氧气面罩使用；

（2）模拟手提式氧气瓶使用；

（3）急救药箱使用；

（4）应急医疗药箱使用。

## 三、知行合一

### （一）氧气面罩使用

飞机客舱是密封增压客舱，随着飞行高度的增加，大气中的含氧量下降，在 4000 米高度上人体中的氧气已经不能维持正常的活动而出现缺氧症状；在 6000 米高度上人能保持正常知觉的时间（有效意识时间）不足 15 分钟，所有人员变得迟钝；在 10 分钟内昏迷或丧失正常知觉的人增加；到 8000 米高度时只有 3 分钟，人体内部分的氮气和水分都要以气体形式溢出体外，使身体浮肿，称为减压症；在 10000 米高空人的有效意识只有 18 秒。在飞行高度 6000 米以上的飞机必须采用有效的保护措施来保障乘机人员的生命安全。

为了保证乘机人员的安全和舒适，防止在客舱释压情况下的缺氧，现代飞机都配有氧气系统，一般由氧气化学发生器供氧或高压氧气瓶供氧。飞机上配有规定数量的活动氧气瓶，主要用于客舱发生释压情况时乘务员的首先使用，以协助和指挥乘客正确使用氧气设备，也能用于空中突发乘客急病需要用氧的情况。

通过本模块的学习，学生可以基本了解并掌握客舱供氧设备的功能和操作使用。

1. 认识氧气面罩

飞机上安装有两个独立的氧气系统：一个系统供给乘客和飞行乘务员使用；一个系统供驾驶舱使用。氧气面罩是用于吸氧的工具，当座舱高度达到 14000 英尺（4276 米）时，氧气面罩会自动脱落。氧气面罩组件包括一个氧气袋和一个面罩。面罩上安装有氧气袋活门、排出活门及辅助吸入活门。氧气袋的容量为 1.5 升。

2. 氧气面罩的位置和数量

氧气面罩位于每一排乘客座椅上方氧气面罩储藏箱、洗手间马桶上方及乘务员座椅上方壁板处。波音 737-800 型飞机每排座椅上方氧气面罩的数量比座位数多出一个；客舱乘务员座椅上方有两个，卫生间马桶上方有两个。波音 737-800 型飞机乘客用氧由氧气面罩储藏箱内的化学氧气发生器提供。

3. 氧气面罩使用

1）驾驶舱氧气面罩使用

驾驶舱氧气系统独立于旅客氧气系统。飞行中，飞行机组在座舱释压或闻到异味及有烟雾存在的任何情况时必须使用供氧设备。见图 3.1.1、图 3.1.3 所示。

位置：在驾驶舱中，每个机组座椅附近都配有一个氧气储藏盒，在盒中装有一个快速穿戴型氧气面罩。

3.1.1　驾驶舱氧气面罩位置

使用方法：用拇指和食指捏住红色释放手柄，将面罩从储藏盒内取出，面罩张开，将面罩戴在脸上后，松开手柄，面罩收缩并与头部和面部吻合。见图3.1.2。

注意事项：面罩属于快速穿戴型，不能自动打开；戴面罩必须在5秒钟内完成。

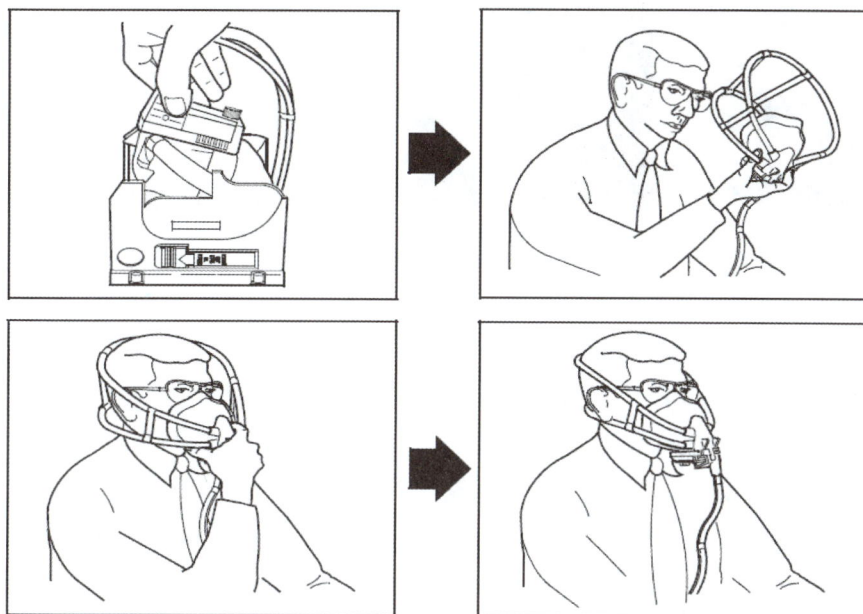

图 3.1.2　驾驶舱使用氧气面罩方法

图 3.1.3　飞机驾驶员使用氧气面罩

图 3.1.4　氧气面罩储藏位置

2）客舱内氧气面罩的脱落方式及使用

（1）自动方式

正常情况下，驾驶舱的氧气面罩控制开关放在 AUTO 位置，当客舱释压高度达到 14000 英尺时，氧气面罩储藏室盖板自动打开，氧气面罩自动脱落。如图 3.1.5 所示。

图 3.1.5　客舱内氧气面罩脱落

（2）电动方式

当自动方式失效时，驾驶舱控制按钮扳到 ON 的位置，客舱内所有氧气面罩储藏室盖板全部打开，氧气面罩脱落。如图 3.1.6 所示。

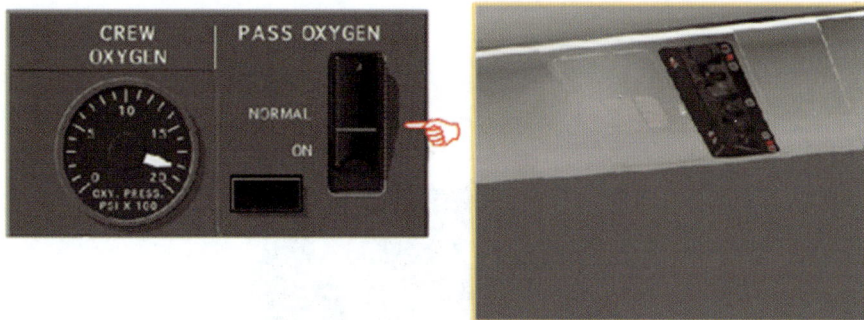

图 3.1.6　驾驶舱电动脱落方式

（3）人工方式

当客舱氧气面罩储藏箱不能以自动和电动方式打开时，可由人工方式使用尖细的物品，如笔尖、别针、发卡等，打开氧气面罩储藏箱，使氧气面罩脱落。如图 3.1.7 所示。

图 3.1.7　人工脱落方式

（4）使用氧气面罩

当氧气面罩脱落后，首先用力拉下氧气面罩，然后将面罩罩在口鼻处并正常呼吸。

（5）氧气系统的供氧原理

氧气面罩：

供氧原理是通过触发客舱内的每个氧气面罩储藏室内的化学氧气发生器开关，使其工作提供氧气。

图 3.1.8　戴氧气面罩

固定氧气瓶：

乘客用氧是由固定氧气瓶提供。氧气来自储存于前下货舱的固定氧气瓶。氧气通过一个网络管路进入客舱内的氧气面罩储藏室。

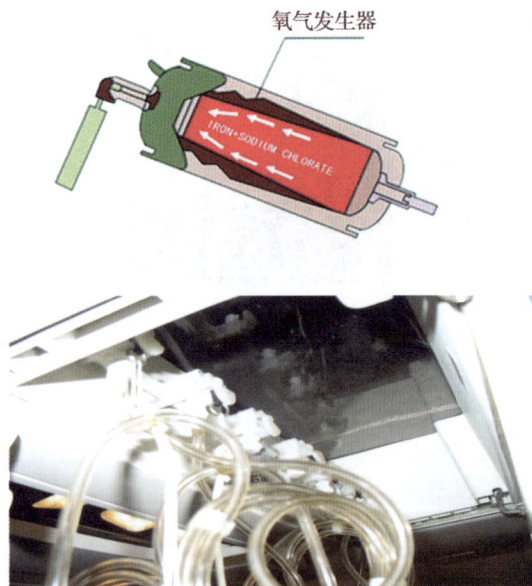

图 3.1.9　化学氧气发生器

注意事项：

• 只有向下拉动面罩，氧气装置才能开始工作，拉动 4 个氧气面罩其中的一个，其他所有面罩开始供氧。

• 氧气面罩不能作为防烟面罩使用。

• 供氧开始后，禁止吸烟，化学氧气发生器工作时，不要用手触摸，以免烫伤。

• 氧气一旦流动，不能关闭。

• 不要试图将使用后的氧气面罩放回储藏室。

• 判断氧气面罩储藏袋内充满氧气或有氧指示线变为绿色。

• 大人先佩戴好再帮助身边的小孩子或需要帮助的旅客。

• 供氧时间为 12 分钟。

## （二）手提氧气瓶（驾驶舱、客舱）操作与管理

### 1. 认识手提式氧气瓶

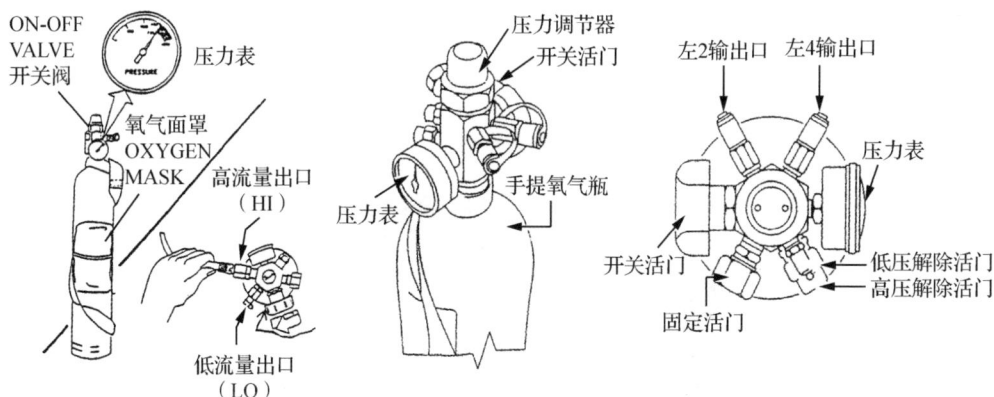

图 3.1.10　手提式氧气瓶

### 2. 手提式氧气瓶管理使用

1）使用氧气瓶的政策规定

机组、乘务组成员和乘客不得任意使用氧气，不得任意移动活动氧气瓶。

2）飞行前检查

检查开关（ON-OFF）阀门处于关闭（OFF）的位置，有一铁丝铅封完好；

氧气瓶压力指针在红色区域，压力指示在 1800 磅/平方英寸，即"满"（FULL）的区域内；

与之配套的氧气面罩用塑料袋密封，并系在瓶体上；

两个氧气出口上盖有防尘帽。

3）手提式氧气瓶的使用

取出手提式氧气瓶；

选择一个流量出口并打开其防尘帽；

插上氧气面罩；

逆时针打开供氧开关；

检查氧气袋是否充满氧气；

戴上氧气面罩并观察患者状况；

使用完毕后确认氧气瓶关闭；

报告乘务长及机长。

4）注意事项

不要摔或撞；避免氧气与油或脂肪接触；擦掉嘴上的口红或润肤油；用氧时周围不能有火源；肺气肿患者使用低流量（LO）；压力用至500磅/平方英寸时，应停止使用；使用后填写客舱故障记录本。

### （三）急救药箱的使用

1. 认识急救药箱

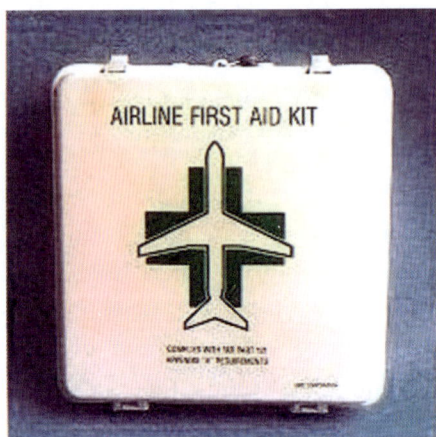

图 3.1.11　急救药箱

每架飞机在载客飞行中急救箱的数量不得少于表 3-1-1 中的规定：

表 3-1-1　飞机在载客飞行中配备急救箱的数量规定

| 乘客座位数量 | 急救药箱数量 |
|---|---|
| 100 以下（含 100） | 1 |
| 101 ~ 200 | 2 |
| 201 ~ 300 | 3 |
| 301 ~ 400 | 4 |
| 401 ~ 500 | 5 |
| 500 以上 | 6 |

2. 急救药箱使用与管理

（1）急救箱应均匀地放在飞机上指定的位置。

（2）每个急救箱应当防尘、防潮。

（3）每个急救箱内至少配备表 3-1-2 中的医疗用品：

表 3-1-2　急救药箱必备的医疗用品

| 项　目 | 数　量 |
|---|---|
| 绷带 5 列（3 厘米） | 5 卷 |
| 绷带 3 列（5 厘米） | 5 卷 |
| 皮肤消毒剂及消毒棉 | 适量 |
| 敷料（纱布），10 厘米×10 厘米 | 10 块 |
| 三角巾（带安全别针） | 5 条 |
| 动脉止血带 | 1 条 |
| 外用烧伤药膏 | 3 支 |
| 手臂夹板 | 1 副 |
| 腿部夹板 | 1 副 |
| 胶布，1 厘米、2 厘米（宽度） | 各 1 卷 |
| 医用剪刀 | 1 把 |
| 医用橡胶手套 | 2 副 |
| 单向活瓣嘴对嘴复苏面罩 | 1 个 |
| 急救箱手册（含物品清单） | 1 本 |
| 事件记录本或机上应急事件报告单 | 1 本（若干页） |

（4）在机上出现外伤或需用其中用品时即应取用。

（5）经过急救训练的乘务人员或在场的医务人员或经专门训练的其他人员均可打开并使用药箱内物品。

（6）用后要做好相应记录，一式两份，要有乘务长或机长签名，应将记录单交使用人一份，一份留在箱内上交管理部门。

### （四）应急医疗药箱（Medical Treatment Kit）

#### 1. 认识应急医疗药箱

每架飞机在载客飞行时应当至少配备一个应急医疗箱，存放在机组人员易于取用，能够防尘、防潮、防损坏的位置。

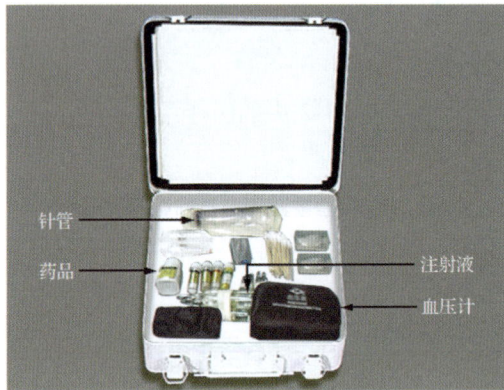

图 3.1.12　应急医疗箱

每个应急医疗箱内应当至少配备表 3-1-3 中的医疗用品和物品：

表 3-1-3　飞机应急医疗药箱内必备的医疗用品和物品

| 项　目 | 数　量 |
| --- | --- |
| 项　目 | 数　量 |
| 血压计 | 1 个 |
| 听诊器 | 1 只 |
| 口咽气道（大、中、小） | 各 1 个 |
| 静脉止血带 | 1 根 |
| 脐带夹 | 1 个 |
| 医用口罩 | 2 个 |

续表

| 项　目 | 数　量 |
| --- | --- |
| 医用橡胶手套 | 2 副 |
| 皮肤消毒剂 | 适量 |
| 消毒棉签（球） | 适量 |
| 体温计（非水银式） | 1 支 |
| 注射器（2 毫升、5 毫升） | 各 2 支 |
| 0.9% 氯化钠 | 至少 250 毫升 |
| 1:1000 肾上腺素单次用量安瓿 | 2 支 |
| 盐酸苯海拉明注射液 | 2 支 |
| 硝酸甘油片 | 10 片 |
| 醋酸基水杨酸（阿司匹林）口服片 | 30 片 |
| 应急医疗箱手册（含药品和物品清单） | 1 本 |
| 事件记录本或机上应急事件报告单 | 1 本（若干页） |
| 箱内医疗用品清单和药物使用说明 | 1 份 |

2. 急救药箱使用

（1）机上发现急重伤病乘客，乘务员立即通过广播寻找医务人员帮助，并出示"医疗药箱内容物品、名称、用法一览表"供医务人员使用；

（2）使用医疗药箱后，一式三份做好使用记录，并请机长、使用医生和乘务人员分别签名；

（3）医疗药箱使用登记表一份送到航空公司有关管理部门，一份交给使用药箱的医生保管，一份乘务长保管。

注意：具备行医资格的医生才能使用机上医疗药箱。

## 四、反思与探究

### （一）乘客医用氧气使用规定

1. 使用条件

乘客可以自备氧气或付费要求使用氧气装置。如需要空中使用氧气，应在订座时向航空公司提出申请，并提供医生签字的医学用氧及每小时需要氧气的最大数量和流量的书面证明。由地面机务人员将设备送上飞机，并根据乘客的选择使用标准氧气面罩或鼻腔插管，进而连接合适的呼吸装置。当空中使用氧气时，乘务长必须报告机长；在用氧气周围不允许吸烟；使用氧气面罩前擦掉唇膏、口红；氧气设备要妥善安置，以免妨碍接近或使用客舱中任何必需的应急出口、正常出口或过道。

2. 氧气设备许可储藏的位置

氧气设备安全放置在与该乘客同排相邻座位上；如相邻座位均被占用，放置在非应急出口（窗口）座位下；如果其他许可的地方均不可用，应将氧气设备放置在行李箱内。

3. 注意事项

使用医疗氧气组件的乘客不能安排在出口座位上；飞机上的手提式氧气瓶首先保障应急情况下机上工作人员使用，目的是为了更加有效地帮助乘客；如乘客在空中突发疾病需要用氧或自备氧气在航行中耗尽，允许使用机载手提式氧气瓶；手提氧气瓶使用后，应填写客舱记录本。

**（二）飞行中应急医疗事件的报告程序与要求**

（1）飞行中应急医疗事件包括下列情况：

①使用机上应急医疗箱；

②由于人员伤病造成的飞机改航备降；

③机上发生人员死亡。

（2）应保存机上应急医疗事件记录 24 个月，这些记录应当说明使用应急医疗箱的情况、使用人和该次应急医疗事件的结果。

（3）填写机上事件报告单，报相关管理部门。

**五、巩固与拓展**

**（一）手提式氧气瓶的两种类型**

当氧气瓶充满氧气后，5500-CIABF23B 型氧气瓶容量为 310 升（122440 立方英寸），5500-AIAB23A 型氧气瓶容量为 120 升（47244 立方英寸）。

手提式氧气瓶流量/使用时间：

310 升：

高流量——4 升/分钟，77 分钟；

低流量——2 升/分钟，155 分钟。

120 升：

高流量——4 升/分钟，30 分钟；

低流量——2 升/分钟，60 分钟。

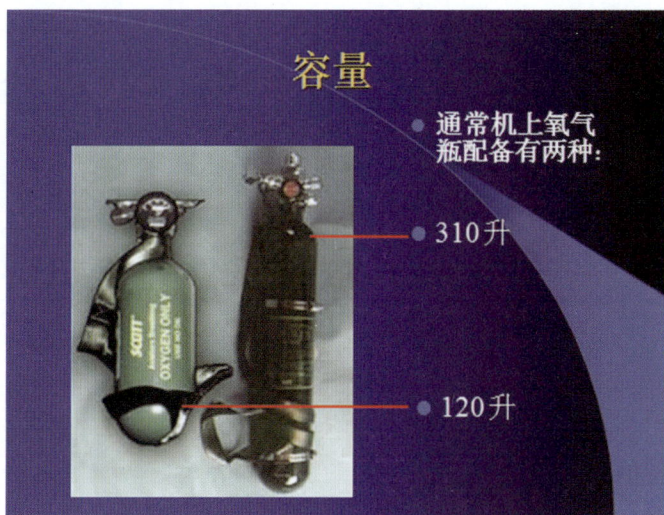

图 3.1.13　两种流量的氧气瓶

## （二）手提氧气瓶的数量及分布（波音 737-800 型飞机）

配备数量：共配备 5 个。

分布位置：驾驶舱 1 个，前登机门处储藏柜 2 个，客舱最后一排座椅后壁板处 2 个。

**思考题**

1. 当座舱高度达多少英尺时，氧气面罩会自动脱落？
2. 氧气面罩脱落后使用注意事项有哪些？
3. 使用手提式氧气瓶的程序和注意事项有哪些？

# 模块二　客舱灭火设备的结构及使用方法

## 一、学习目标

1. 了解灭火设备的结构与功能；
2. 熟悉客舱灭火设备的存放位置；
3. 能熟练操作客舱灭火设备。

## 二、工作任务

严格按照应急操作规范操作客舱灭火设备：

（1）使用海伦灭火瓶；　　　　　　（2）使用水灭火瓶；

（3）使用防烟面罩；　　　　　　　（4）使用应急救生斧；

（5）使用石棉手套；　　　　　　　（6）使用防烟眼镜。

## 三、知行合一

### （一）海伦灭火瓶（Portable Halon Fire Extinguisher）使用与管理

1. 认识手提式海伦灭火瓶

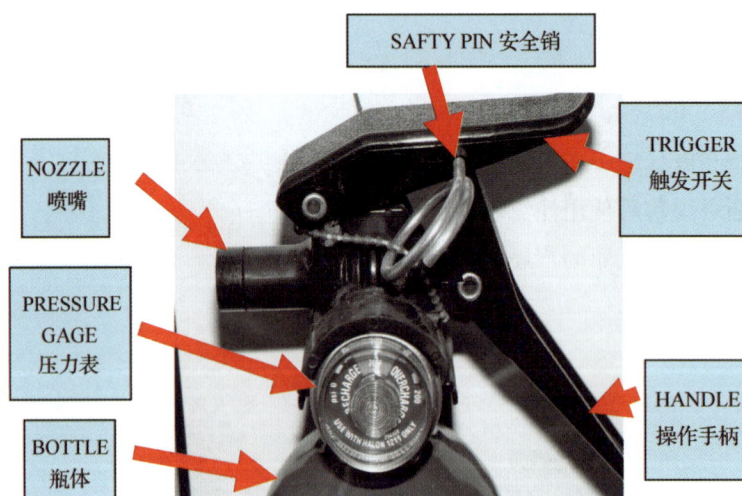

图 3.2.1　海伦灭火瓶

如图 3.2.1 所示，海伦灭火瓶由喷嘴、触发开关（释放手柄）、安全销、手柄、压力表、瓶体组成。海伦灭火瓶适用于任何类型（A，B，C，D）的火灾，尤其适用于电器、燃油和润滑油脂的火灾。

2. 海伦灭火瓶的使用与管理

1）海伦灭火瓶的使用

垂直拿起灭火瓶；

快速拔下环形保险销；

握住手柄和触发器，喷嘴对准火源底部边缘，平行移动灭火瓶，喷向火的底部边缘。

注意事项：

海伦灭火瓶喷出的是雾，但很快被气化了，而这种气化物是一种惰性气体，它可以隔绝空气使火扑灭，表层的火很快扑灭后，里层仍然有余火，应立即用湿毛毯盖住失火区域，将失火区域浸透；使用灭火瓶时，不要横握或倒握；不能对人喷射，以免造成窒息；海伦灭火瓶的喷射距离为 2～3 米（10 英尺），喷射时间为 10 秒钟。

2）飞行前的检查

确认灭火瓶在指定位置并固定好；

安全销穿过手柄和触发器的适当位置；

黄色压力指针指在绿色区域；

日期在有效期内。

**（二）水灭火瓶**（Portable $H_2O$ Fire Extinguisher）**使用与管理**

1. 认识手提式水灭火瓶

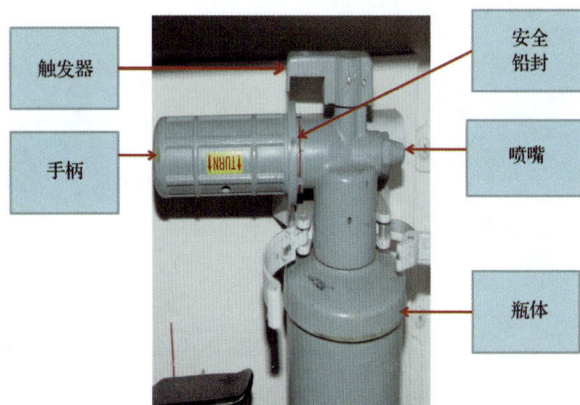

图 3.2.2　水灭火瓶

如图 3.2.2 所示，手提式水灭火瓶由触发器、手柄、安全铅封、喷嘴、瓶体组成，适用于一般性火灾的处理，例如纸、木、织物等。

2. 水灭火瓶的使用与管理

1）水灭火瓶的使用

向右转动手柄；

垂直握住瓶体；

按下触发器，喷嘴对准火源底部边缘，平行移动灭火瓶，喷向火的底部边缘。

注意事项：

不能用于电器和油类火灾；

可燃性液体及气体灭火时不能使用；

瓶体不要横握或倒握；

喷射距离：2~3 米；

喷射时间：40 秒钟。

2）飞行前的检查

确认灭火瓶在指定位置并固定好；

铅封处于完好状态；

日期在有效期内；

使用后填写客舱故障记录本。

## （三）防烟面罩（Smoke Hood 或 PBE）使用与管理

1. 认识防烟面罩

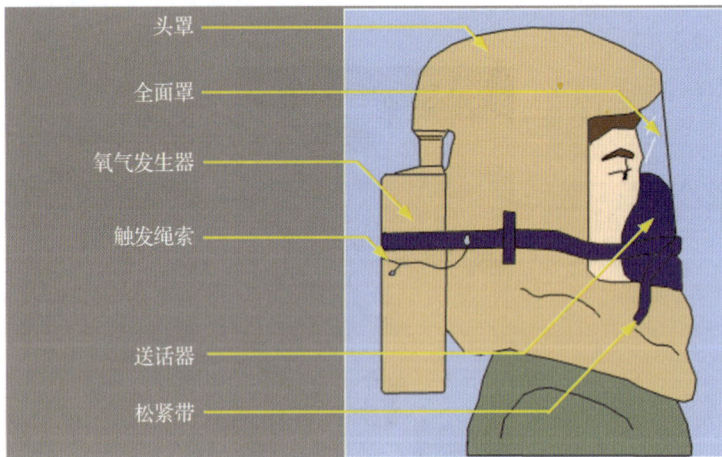

图 3.2.3　防烟面罩结构图

如图 3.2.3 所示，防烟面罩由头罩、全面罩、氧气发生器、触发绳索、送话器和松紧带组成。

乘务员和机组人员在客舱封闭区域失火和有浓烟时使用防烟面罩，可以保护灭火者的眼睛和呼吸道不受烟雾、毒气的伤害。

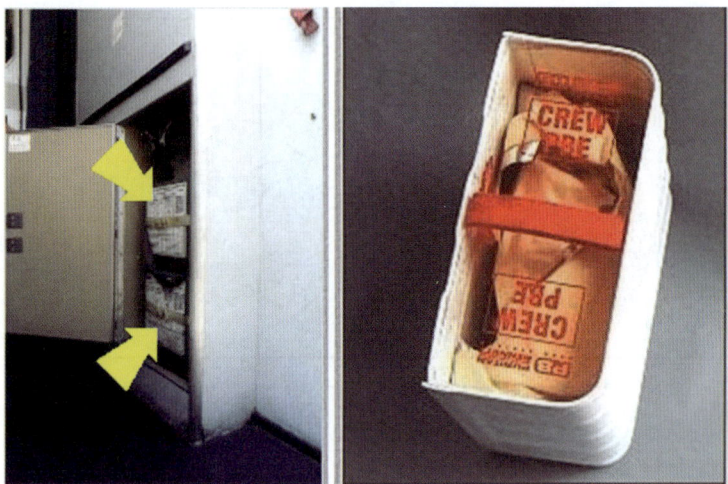

图 3.2.4　储藏好的防烟面罩

如图 3.2.4 所示，白色盒子内装的防烟面罩重约 1.5 公斤，绿色盒子内装的防烟面罩重 1.7 公斤。

氧气是靠防烟面罩上的化学氧气发生器提供的，当拉动调整带触发拉绳后，发生器中的化学元素发生化学反应并释放出热量，使化学氧气发生器中的温度上升并与使用者呼出的二氧化碳发生反应，产生氧气。

防烟面罩使用时间为 15 分钟（平均为 15 分钟，呼吸快时可能有灰尘感和咸味，时间相对要短一些）。戴上面罩后可以通过面罩前部的送话器与外界联系。等氧气充满面罩时，面罩应为饱满的状态，当氧气用完后，内部压力减小，面罩开始内吸。

2. 防烟面罩的使用与管理

1）防烟面罩的使用方法

（1）打开包装盒；

（2）取出防烟面罩并展开；

（3）撑开密封胶圈（大小与头同大）；

（4）戴上防烟面罩；

（5）整理面罩位置；

（6）系紧固定拉绳，拉动触发绳；

（7）开始供氧。

图3.2.5为防烟面罩使用示意图。

**UTILIZATION**

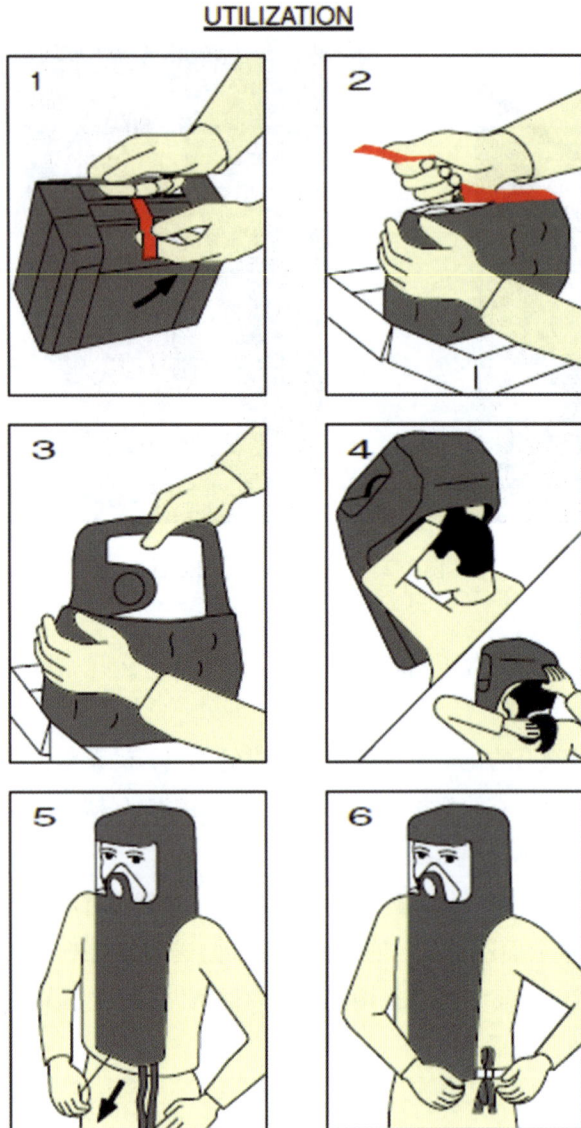

图3.2.5　防烟面罩使用示意图

2）注意事项

（1）必须在无烟区戴好；

（2）头发必须全部放入面罩内，衣领不要卡在密封胶圈处；

（3）当呼吸困难时，可检查氧气是否用完或可能穿戴不当；

（4）当面罩开始内吸时，使用时间已到，应迅速到安全区摘下面罩；

（5）如果戴着眼镜使用，戴好后要在面罩外面整理眼镜位置。

3）飞行前的检查

确认防烟面罩在指定位置；

确认包装盒未被打开；

确认外包装铅封完好。

4）使用时间

15分钟。

**（四）使用应急救生斧（Fire Axe/Crash Axe）**

图 3.2.6　应急救生斧

如图3.2.6所示，应急救生斧手柄包着橡胶绝缘材料，以防止与电线接触时遭电击。斧口有一个防护套，以防不使用时伤人。应急救生斧用于清理障碍物及灭火。

**（五）石棉手套（Asbestos Gloves）**

石棉手套位于驾驶舱的储藏箱内，机组在驾驶舱失火时使用；兼职消防员在主货舱灭火时使用，具有防火隔热作用。

图 3.2.7　石棉手套

### （六）防烟眼镜（Smoke Glasses）

防烟眼镜用于机组成员在烟雾充满驾驶舱时保护眼睛不受伤害，从而保护飞行员能继续飞行。使用时保证眼镜的密封边紧贴在眼部和面部氧气面罩边缘，固定用橡胶带套在脑后，和氧气面罩一起戴在脸上。

图 3.2.8　防烟眼镜

## 四、反思与探究

### （一）客舱释压类型及反应

1. 缓慢释压

缓慢释压指的是逐渐失去客舱压力，它可能是因为舱门或紧急窗的密封泄漏或因增压系统发生故障而引起的。

缓慢释压反应：

机上人员发困和感到疲劳；

氧气面罩可能脱落；

紧急用氧广播开始；

失密警告灯可能亮；

在门和窗口周围可能有光线进入；

耳朵不舒服，有打嗝和排气的现象。

2. 快速释压

快速释压是指快速失去客舱压力，它有可能是因使密封破裂的金属爆炸、炸弹爆炸或武器射击而引起的，在极端情况下，可以把快速释压归类为爆炸性释压。

快速释压反应：

飞机结构突然损坏，并出现强烈震动；

有物体在舱内飘飞，可能出现灰尘；

冷空气涌入客舱，客舱内温度下降；

有很响的气流声和薄雾出现；

压耳并疼痛，氧气面罩脱落，飞机做大角度紧急下降；

紧急用氧开始广播；

失密警告灯亮；

禁烟灯和系好安全带灯亮。

**（二）客舱释压的处置程序**

（1）迅速戴上就近的氧气面罩；

（2）坐在就近的座位上系好安全带，如果没有空座位，抓住就近的结实的结构固定住自己；

（3）指挥乘客并示意乘客戴好氧气面罩；

（4）指示乘客摘下他们的眼镜；

（5）指示成年人戴好氧气面罩后帮助未成年人或残疾乘客戴上氧气面罩；

（6）指示乘客禁止吸烟。

飞机下降到安全高度（10000英尺），当机长宣布可以在客舱走动后，乘务长应立即指挥乘务员，携带手提式氧气瓶到客舱进行检查，救助受伤的乘客，其检查项目是：

（1）检查乘客用氧情况，首先护理急救失去知觉的乘客、儿童；

（2）对缺氧的乘客提供手提式氧气瓶；

（3）如果发现飞机上有裂口，应重新安排乘客座位，离开危险区域；

（4）检查卫生间内有无乘客；

（5）检查客舱内有无火源；

（6）对受伤的乘客或机组成员给予急救；

（7）指挥乘客把用过的氧气面罩放在座椅口袋内；

（8）氧气面罩的佩戴顺序：乘务员、成年人、未成年人，也可同时进行。

### （三）处理客舱释压的原则

（1）释压状态未被解除之前，所有人都应在座位上坐好，系紧安全带；

（2）给有知觉的乘客吸氧时，应让其采取直立姿态，给没有知觉的乘客吸氧时，应让其采取仰靠姿态；

（3）准备好灭火设备，防止意外火灾；

（4）机长根据飞机的状况，决定是否需要紧急着陆或撤离；

（5）释压过程中及时向机长报告乘客和客舱情况。

### （四）机上火灾的隐患及处置程序

1. 火灾隐患

（1）"请勿吸烟"信号灯亮后，仍有人吸烟；

（2）乘客睡觉时，有点燃的香烟在手；

（3）烤炉内存有异物或加热时间过长；

（4）乘客吸氧时；

（5）乘客携带有易燃物品；

（6）卫生间内抽水马达故障；

（7）卫生间内有人吸烟；

（8）货舱内装有易燃的货物；

（9）电器设备操作、使用不当。

2. 处置程序

（1）准确判断火情、火源；

（2）关闭火灾区域电源；

（3）报告机长火情及区域；

（4）迅速组织灭火小组；

（5）正确使用对应的灭火设备灭火；

（6）产生烟雾情况下的保护措施：

①用湿毛巾捂住口鼻；

②使用防烟面罩；

③烟雾很大时可俯下身尽量靠近地板。

## 五、巩固与拓展

### （一）火灾的种类

A 类：可燃烧的物质，如织物、纸、木、塑料、橡胶等；

B 类：易燃的液体、油脂等；

C 类：电器设备失火；

D 类：易燃的固体，如镁、钛、钠等。

### （二）客舱灭火操作程序

1. 灭火的基本程序

首先寻找火源，确定火的性质，然后切断电源；取用相应的灭火瓶灭火，并穿戴好防烟面罩。要立即向机长报告并马上搜集所有灭火设备到火场。灭火时要保持驾驶舱门的关闭；搬走火源区的易燃物；始终保持与驾驶舱的联系；灭火时应把喷嘴对准火源的根部，由远至近，由外向里，平行移动灭火；灭火员戴上防烟面罩，必要时穿上防火服；随时准备组织乘客撤离。

特别注意：灭火期间注意保持乘客的情绪稳定，不可在客舱内纵向移动，以免飞机失去平衡；关闭机上通风设备；禁止使用氧气设备。

2. 卫生间灭火程序

卫生间失火在机上火灾中所占比例约 45%。烟雾探测器发出警报，表明卫生间存在烟雾或发生失火。

处置程序：

（1）检查卫生间是否有人（乘客吸烟引起烟雾报警时：要求乘客立即灭烟—开门散烟—警报解除）；

（2）用手背感觉门的温度，如果门是凉的：取出就近的灭火瓶（海伦灭火瓶）—小心打开卫生间门观察烟、火的位置—使用潮湿的毛毯压住火焰或使用灭火瓶灭火—成功灭火后报告机长并关闭卫生间；如果门是热的：保持关闭状态—取出灭火器和斧头—用斧头在门的上方凿一个洞—将灭火剂从洞口喷入直至喷完—确认成功灭火—封住洞口—报告机长—关闭卫生间。

3. 衣帽间灭火程序

有帘子的衣帽间失火：立即取用灭火瓶灭火—搬开未烧着的衣物和其他物品—检查

确认无余火—报告机长；

有门的衣帽间失火：用手感觉门的温度，如果门是凉的：取出灭火瓶（海伦灭火瓶）—小心打开门—对准火源的根部灭火—搬开未烧着的衣物和其他物品—检查确认灭火成功—报告机长；如果门是热的，灭火方法与卫生间灭火方法相同。

4. 厨房设备灭火程序

烤炉失火：迅速切断厨房电源和烤炉电源—关闭烤炉以消耗氧气和窒息火焰—如烤箱继续冒烟，打开烤箱门使用海伦灭火瓶灭火（注意：烤箱门不可全开，供灭火瓶喷嘴伸进即可）—关闭烤箱门以免烟雾及有毒气体扩散—确认灭火情况—报告机长；

烧水杯失火：迅速切断电源—取下烧水杯—使用海伦灭火瓶扑灭火源—确认灭火成功—报告机长（注意：取下烧水杯后不能立即将水倒入过热的水杯内）。

### （三）挥发性液体的处置

挥发性液体如被点燃，可能会导致飞机结构受损、系统失效及人员伤亡。如飞机上发现挥发性液体，应遵循下列处置程序：

（1）乘务员立即收缴并妥善保管；

（2）禁止乘客吸烟；

（3）保持驾驶舱关闭；

（4）最大限度地增大驾驶舱和客舱的空气流量，以减轻浓度；

（5）尽可能降低客舱温度，以减少挥发性液体的挥发并减小火警的可能性；

（6）准备灭火器，以控制潜在的火警，如火警发生，按灭火程序灭火。

案 例

## 烤箱冒烟了

某航空公司从北京到南京的航班，乘务员在起飞前做好各种服务准备，由于空中时间比较紧张，乘务员在地面就把热食烤好，起飞后可以尽快给乘客提供。在乘客登机完毕，准备关闭舱门的时候，乘务员发现后厨房有个烤箱冒出烟雾。厨房乘务员马上关闭厨房电源，并报告乘务长，另一个乘务员取来海伦灭火瓶。乘务员观察了 30 秒钟，发现在已经关闭电源的情况下烤箱还在冒烟，就打开烤箱准备灭火。在打开烤箱的刹那间本来在封闭状态的烟雾遇到氧气就燃起了火苗，乘务员马上用海伦灭火瓶进行喷射，确认火苗被扑灭后关闭该烤箱。此时，得到信息的机务维修人员上飞机马上组织处理，卸下该烤箱进行检查，确认不是电器原因造成的烟雾，而在烤箱里发现了被烧糊的黑色物体。经过分析研究，是餐食的残留油渍日积月累，在烤箱的高温状态下被烤糊燃烧。

经过这件事情后，该航空公司迅速安排了以下有效措施：（1）对所有飞机的烤箱进行了全面检查，排除可能存在的设备故障；（2）对所有烤箱进行清洁；（3）机上配餐的热食尽可能减少油类和汤汁。

通过这个案例，学生可以了解到在烤箱冒烟失火的情况下乘务员采取了哪几种灭火程序，以及为防止烤箱失火航空公司有效的改进措施。

## 思考题

1. 海伦灭火瓶的结构和使用方法是什么？
2. 使用海伦灭火瓶时的注意事项有哪些？
3. 海伦灭火瓶和水灭水瓶分别适用于哪类火源？
4. 如何使用防烟面罩及注意事项？
5. 机舱内缓慢释压的反应有哪些？
6. 说出卫生间灭火的正确程序。

# 模块三 紧急撤离设备的功能及操作方法

## 一、学习目标

1. 了解滑梯的作用；
2. 熟悉紧急撤离设备的存放位置；
3. 能熟练使用紧急撤离设备。

## 二、工作任务

严格按照操作规范操作客舱灭火设备：

（1）操作地板高度出口；

（2）操作非地板高度出口；

（3）操作应急照明灯使用；

（4）掌握发报机使用方法；

（5）能正确使用救生衣；

（6）掌握救生船操作程序。

## 三、知行合一

### （一）地板高度出口（登机门/服务门出口）的滑梯使用

地板高度出口指登机门和服务门，在紧急撤离时都可以作为紧急出口使用。如图3.3.1所示。

滑梯的主要功能是当飞机发生意外，乘客可以快速从滑梯紧急撤离。

滑梯装在每个舱门的下部，平时与舱门成为一体。每个滑梯都带有自动充气瓶，当滑梯在预位状态时，就是把滑梯充气手柄与舱门地板支架连接上，打开舱门就会拉动充气阀门而充气。由于滑梯充气时的冲力大而且速度快（5~8秒），当舱门开到与门框成90°角的时候，滑梯强大的冲力就可推动舱门迅速打开。为了安全，乘务员在操作滑梯预位状态下的舱门时（运行合格审定时的应急撤离演练、应急训练、应急撤离）必须掌握正确的操作方法。

　　波音 737 型系列飞机的滑梯在水上迫降时不能当救生船使用。

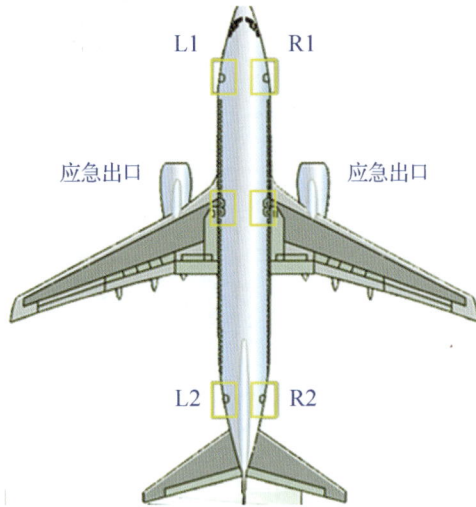

图 3.3.1　波音 737-800 型飞机的出口

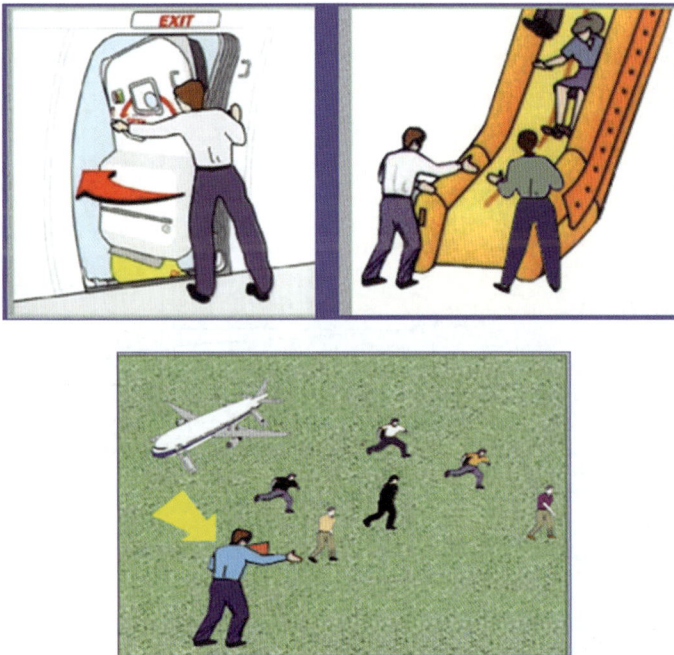

图 3.3.2　陆地撤离

滑梯自动充气不足时，可拉动红色人工充气手柄充气［人工充气手柄（INFLATE HANDLE）位于滑梯顶部右侧］。如图3.3.3所示。

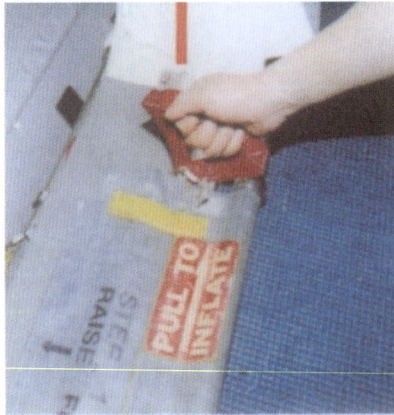

图3.3.3　滑梯人工充气手柄

当飞机在水上迫降时，落水者抓住滑梯两侧绳索，充气滑梯可作为救生浮物漂浮在水面上。

### （二）非地板高度出口（机翼出口）的操作

机翼出口，也是紧急出口，高度为97厘米，宽度为51厘米。波音737-800型飞机的机翼应急出口有4个，分别位于客舱的中部。操作出口时主要使用位于出口上部的红色操作手柄，其特点：（1）有明显标识；（2）有透明盖子罩着。操作时从透明罩下伸进手臂，掌心向身体内侧方向握住手柄用力向下拉动，应急出口的下部便可迅速向外弹出。见图3.3.4。

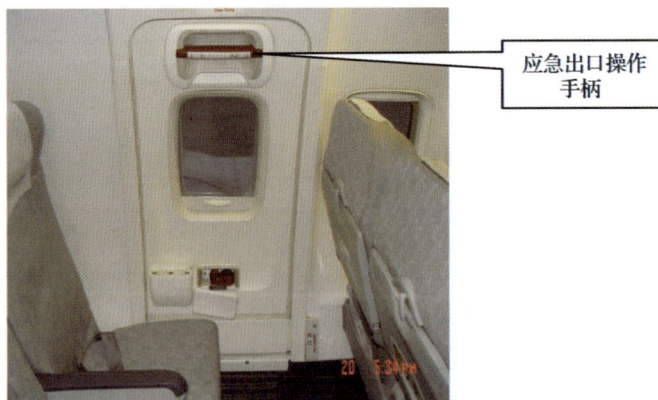

应急出口操作手柄

图3.3.4　应急出口操作手柄

1. 从内部打开机翼出口

（1）用力向下并向内拉红色操作手柄；

（2）舱门自动向外向上弹出；

（3）判断外部情况并组织撤离。

图 3.3.5 从内部打开机翼出口

2. 从外部打开机翼出口

（1）按压位于舱门玻璃窗上方的推板；

（2）舱门自动向外向上打开。

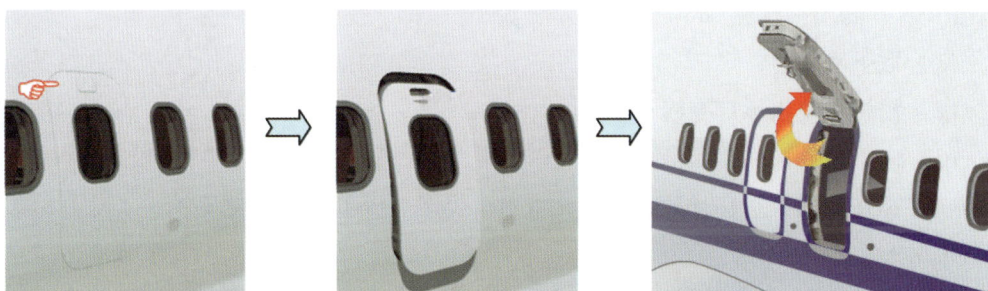

图 3.3.6 从外部打开机翼出口

**（三）空客 320 机型的滑梯及翼上出口**

1. 空客 320 机型滑梯

空客 320 机型 I 型舱门可选装两种型号的滑梯，一种属于单功能撤离滑梯，另一种属于具有双功能，既可当滑梯使用又可当救生船使用。见图 3.3.7。

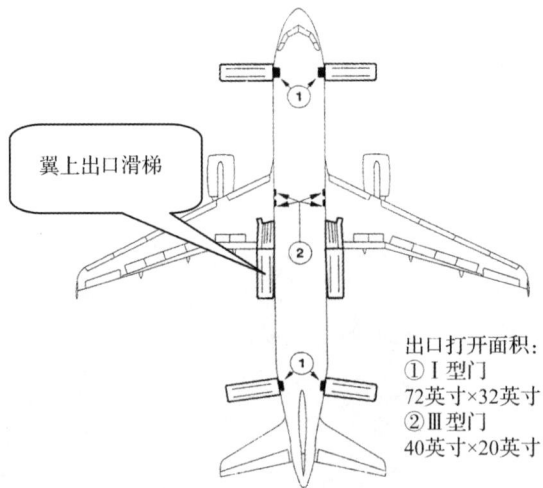

出口打开面积：
① Ⅰ 型门
72英寸×32英寸
② Ⅲ 型门
40英寸×20英寸

图 3.3.7　空客 320 机型滑梯

**2. 空客 320 机型翼上出口**

空客 320 机型共有 4 个翼上出口，分别位于客舱中部的左右两侧。翼上出口滑梯始终处于预位状态，发生紧急情况时即可打开撤离。见图 3.3.7，当打开一个或两个应急出口时，滑梯自动充气。

1）打开翼上出口程序

（1）取下手柄盖；

（2）滑梯预位指示灯亮起；

（3）向下拉动操作手柄；

（4）抓住底部扶手移开紧急出口，将出口扔出舱外或放在一侧座椅上。见图 3.3.8 和图 3.3.9。

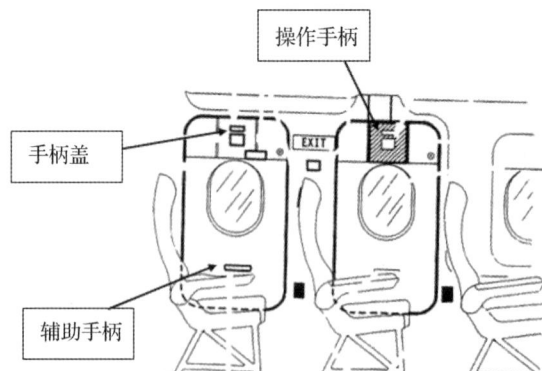

图 3.3.8　操作翼上出口手柄

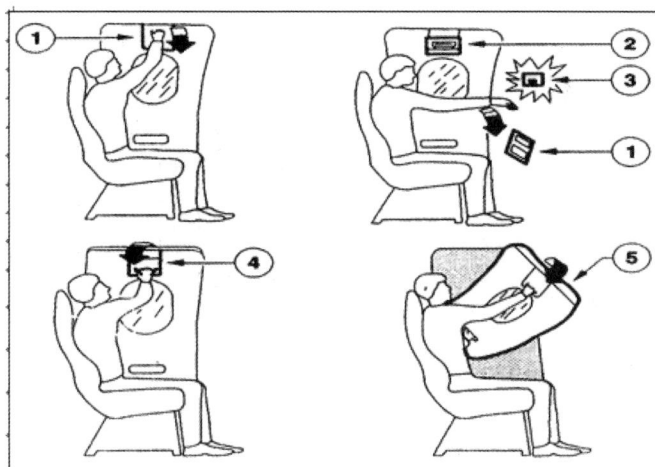

图 3.3.9 打开翼上出口程序

2）翼上滑梯操作程序

翼上滑梯设计为双通道，向尾部展开，储藏于翼上紧急出口下的机身内。滑梯充气大约需要 3～5 秒钟。见图 3.3.10。

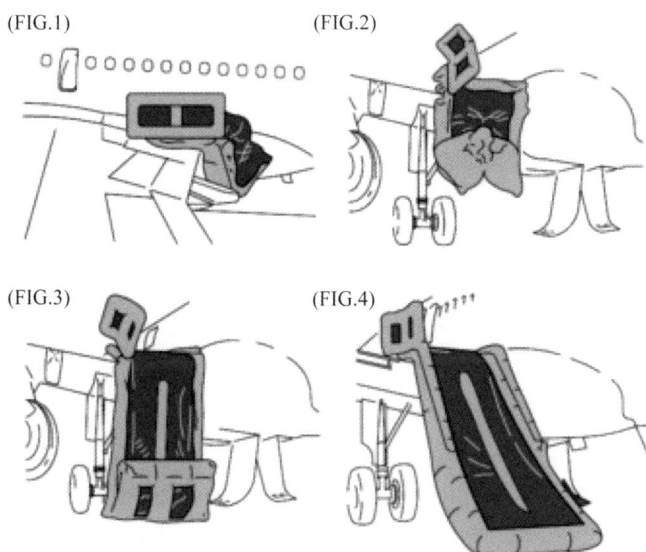

(FIG.1)　(FIG.2)

(FIG.3)　(FIG.4)

图 3.3.10 滑梯充气过程

翼上滑梯撤离能力设计为每分钟 60 人次。若滑梯自动充气失效，拉动安装在每个应急出口窗框内的红色人工充气手柄。见图 3.3.11。

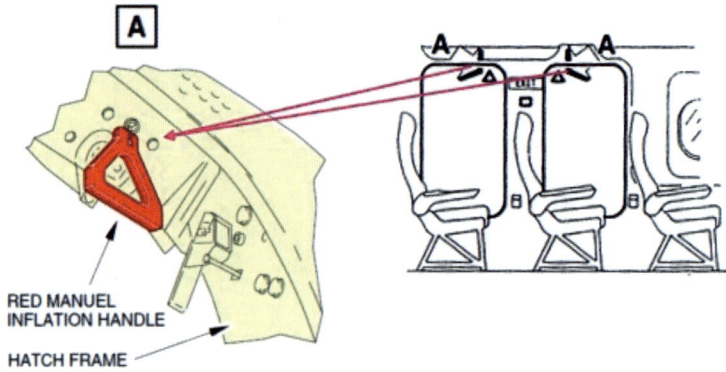

RED MANUEL
INFLATION HANDLE

HATCH FRAME

图 3.3.11　人工充气手柄

被损坏翼上滑梯的使用方法如图 3.3.12 所示。

当翼上滑梯被损坏而漏气时，仍可以作为撤离通道使用。

——找一名身体健壮的乘客找出滑梯的挂钩，如图 3.3.12（a）。

——把滑梯的挂钩挂到机翼表面的挂环上，如图 3.3.12（b）。

——四个身体强壮的男性乘客应在滑梯下抓住拉手，如图 3.3.12（c）。

——乘客可通过翼上滑梯撤离，如图 3.3.12（d）。

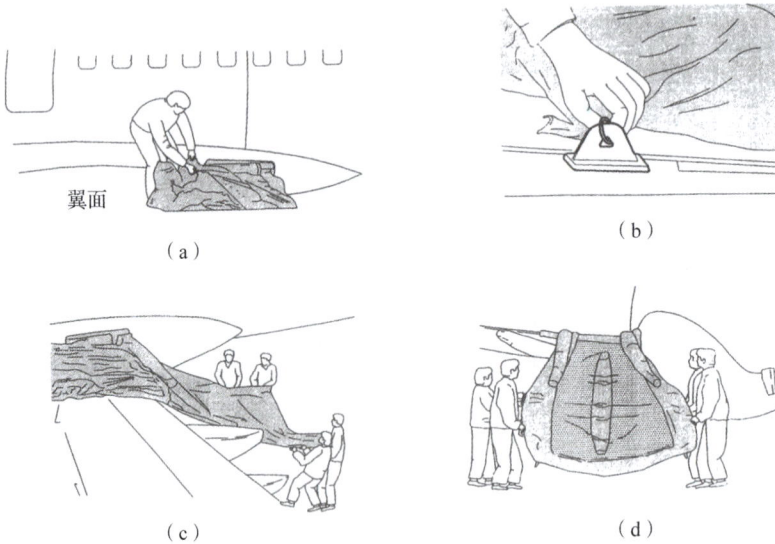

翼面

（a）

（b）

（c）

（d）

图 3.3.12　被损坏翼上滑梯的使用方法

翼上滑梯逃离绳操作如图 3.3.13 所示。

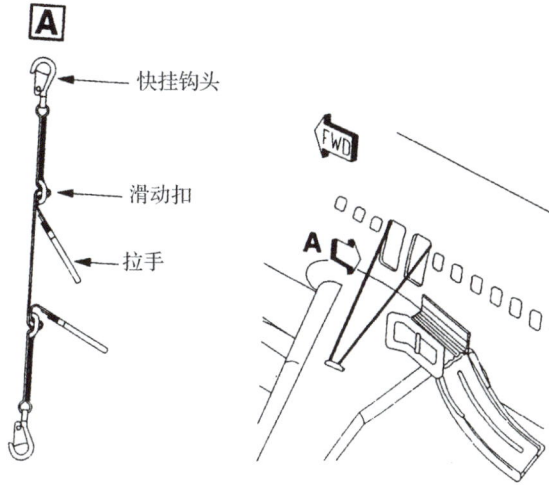

图 3.3.13 逃离绳操作

## (四) 紧急照明灯的使用

### 1. 手电筒 (FLASHLIGHT) 的使用

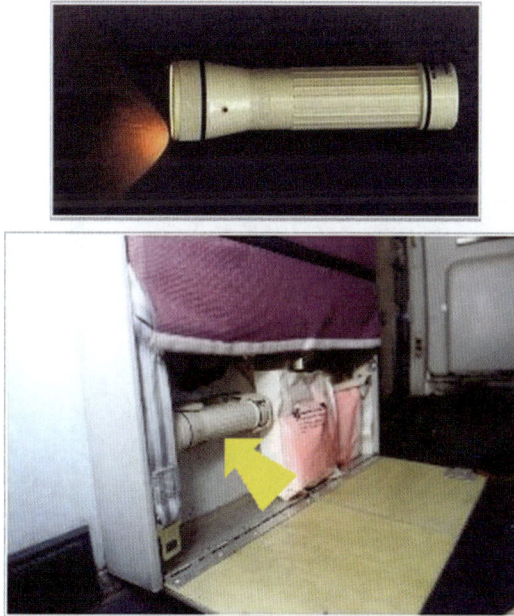

图 3.3.14 手电筒

应急手电筒是由干电池提供电力并防爆的专用手电筒。从底座取下后会自动亮起，放入底座后自动熄灭。

1）使用方法

握住手电；

从底座的固定架中拉出；

自动发光；

使用时间约4.2小时。

2）飞行前的检查

确认手电筒在指定位置并固定好；

注意：确认手电筒上的电能LED检测灯3～5秒钟闪亮一次。如闪亮间隔时间超过标准时间，可能没电或电量不足，应由机务人员更换电池。

2. 应急灯（EMERGENCY LIGHT）的使用

1）应急灯开关位置

波音737-300型飞机位于L1门进口处乘务员控制面板；

波音737-800型飞机位于L2门进口处乘务员控制面板；

驾驶舱位于前部控制板。

2）驾驶舱控制方式

驾驶舱应急照明开关有三种方式，分别为："Armed"、"Normal"、"ON"。

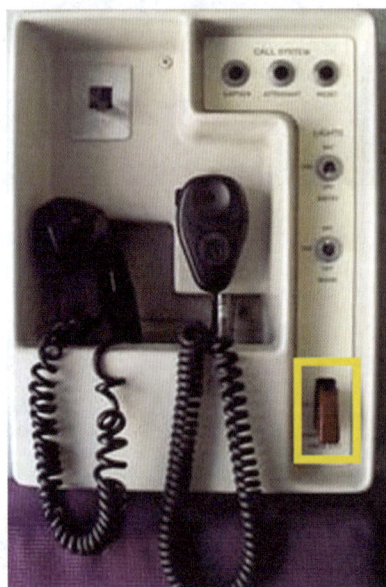

图3.3.15 应急灯开关位置（波音737-300机型）

自动方式：

当驾驶舱内应急灯开关放于"Armed"位置时，所有的应急灯在飞机电源失效后自动接通，可以使用12~20分钟。

人工方式：

（1）通常情况下放在"Normal"位置，当驾驶舱应急灯开关放在"ON"的位置时，所有应急灯都会亮；

（2）当客舱乘务员控制板上的应急灯开关放在"ON"的位置时，所有应急灯都会亮，并可超控驾驶舱。

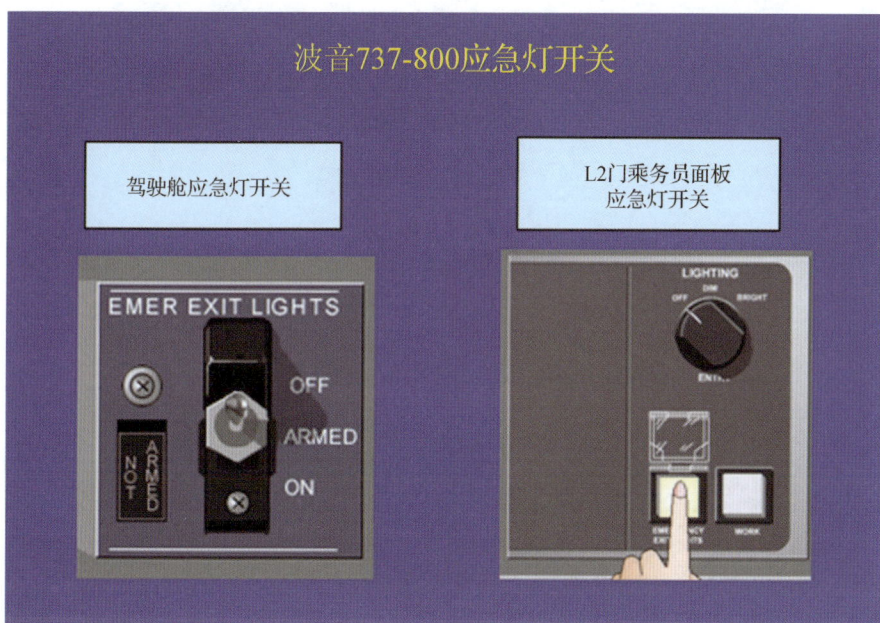

图3.3.16　波音737-800机型应急灯开关位置图

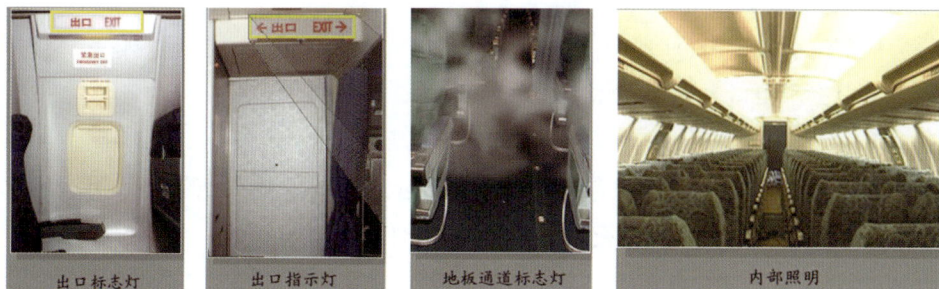

图3.3.17　应急灯

### 3. 飞机外部照明

机身两侧各有三个应急灯，为撤离路线和地面联络区提供灯光照明，滑梯充气时自动打开照亮滑梯。

图 3.3.18　飞机外部照明

图 3.3.19　滑梯照明

### 4. 空客 320 型飞机应急照明灯系统

（1）6 个位于每个出口门区的出口灯；

（2）4 个位于出口天花板的标志灯；

（3）12 个应急顶灯；

（4）地板应急撤离标记系统包括每个出口附近安装在客车那个侧边上的低亮度灯；

（5）4 个安装在出口处天花板内的应急供电组件；

（6）应急滑梯上装有自备照明系统，滑梯放出时照明系统自动工作。

备注：如果飞机的 28 伏直流电失效，备用干电池向应急灯系统提供电源并能保持 12 分钟。

## （五）应急发报机（EMERGENCY LOCATOR TRANSMITER/ELT）的使用

应急发报机是在飞机遇险后，向外界发出救生信号时使用的。应急发报机是自浮式双频率电台，电台发射频率为民用 121.5 兆赫（MHz）和军用 243 兆赫（MHz）的调频无线电信号。这些频率是国际民航组织的通用频率（遇难时发出求救信号）。

图 3.3.20　应急发报机

1. 陆地使用

从应急发报机底部取下装水的袋子；

袋子中放入一半含电解质的水（矿泉水、咖啡或尿，不能放入油）；

将应急发报机放入袋子（不能倒放或横放）；

割断水溶带竖直天线；

陆地使用时垂直放在较高的地方，周围不能有障碍（注意：倾斜超过 60°时，发报机将停止工作；附近任意的金属物体将影响发报机信号输出）；

应急发报机在 5 分钟后发报；

使用时间为 48 小时。

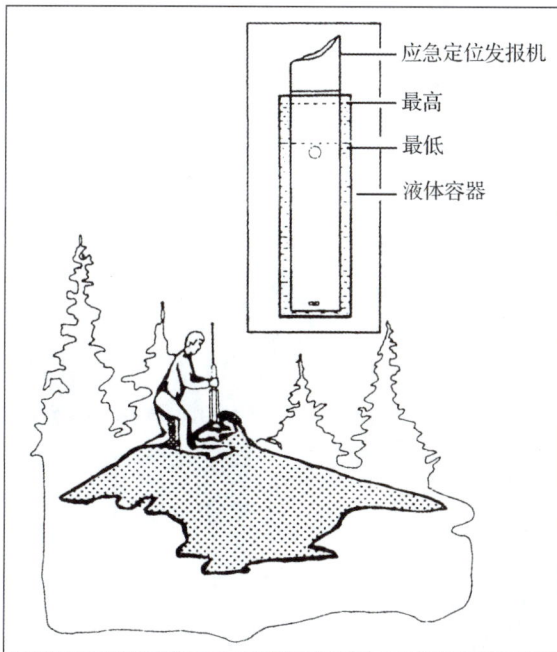

图 3.3.21　陆地使用应急发报机

2. 水中使用

从套子中取出应急发报机；

将发报机一端的连接绳系在船内；

将应急发射机放入水中，天线自动竖起；

5 秒钟后开始发报（注意：陆地淡水中是 5 分钟后开始发报）。

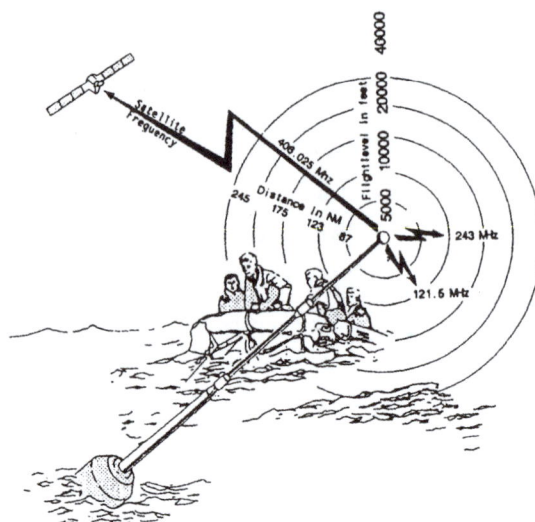

图 3.3.22　水中使用应急发报

注意：机上装备的发报机处于"ARMED"位置时，必须远离液体，不得随意拆卸；一旦发报机意外激活工作，立即关闭发报机并向最近的航空管制报告。

## （六）救生衣（Life Vest）使用

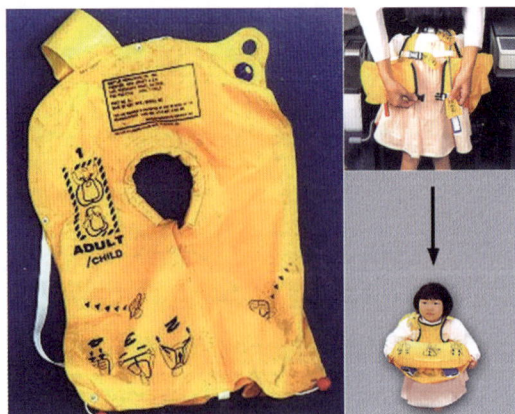

图 3.3.23　救生衣

救生衣在海上撤离时使用。机组救生衣为红色，乘客救生衣为黄色，位于各自座椅下的口袋里或扶手内。

1. 成人及儿童救生衣的使用

1）成人救生衣的使用

取出救生衣，经头部穿好；

将带子扣好系紧；

拔掉电池上的铅封；

打开充气阀门；

充气不足时，拉出人工充气管，用嘴向里吹气。

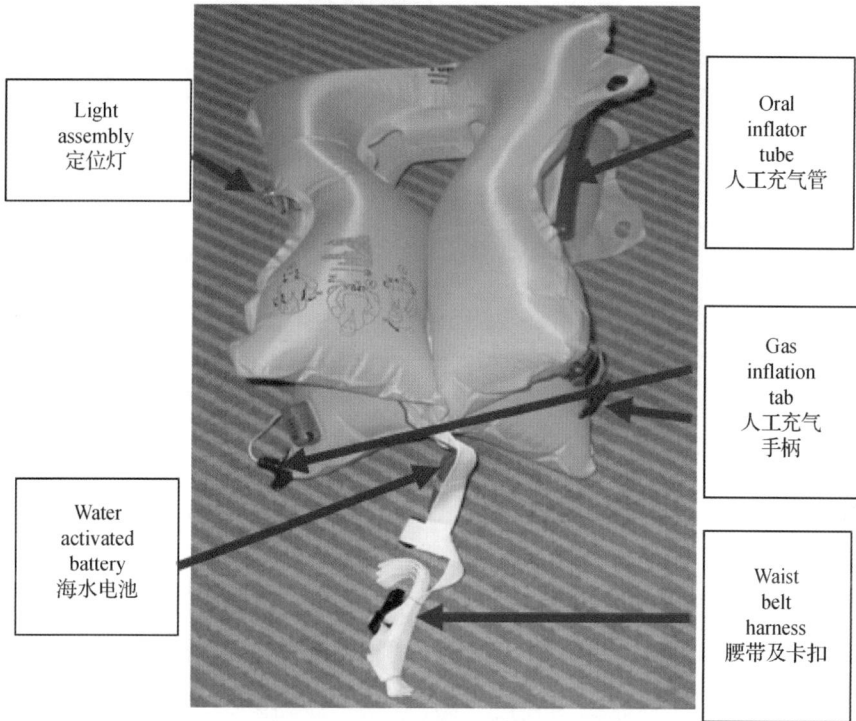

图3.3.24　成人/儿童救生衣

2）儿童救生衣的使用（儿童救生衣与成人救生衣相同）

取出救生衣；

将救生衣经头部穿好；

把带子放在两腿之间扣好系紧；

拔掉电池上的铅封；

打开红色充气阀门；

充气不足时，拉出人工充气管，用嘴向里吹气。

注意：成年乘客的救生衣在离开飞机后上救生船前充气，未成年乘客的救生衣在离开座位时充气。如需放气，用手按住人工充气管的顶部即可。

2. 婴儿救生衣的使用

婴儿救生衣通常与成人救生衣放在一起，位于有婴儿摇篮插孔的座椅下。使用时取出，经头部穿好并将胳膊固定在救生衣上，将绳子的一端固定在大人的救生衣上。

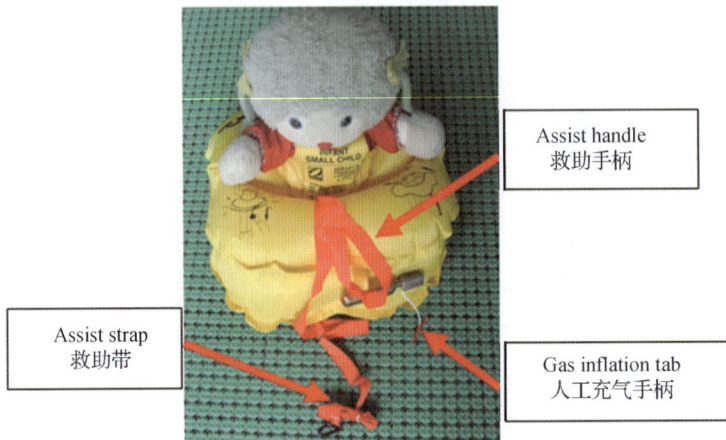

Assist handle
救助手柄

Assist strap
救助带

Gas inflation tab
人工充气手柄

图 3.3.25　婴儿救生衣（正面）

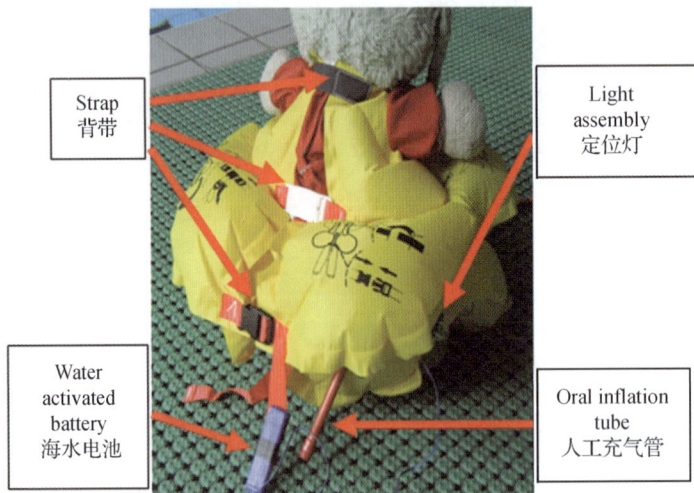

Strap
背带

Light assembly
定位灯

Water activated battery
海水电池

Oral inflation tube
人工充气管

图 3.3.26　婴儿救生衣（反面）

## （七）救生船的使用

1. 地板高度救生船的使用

确认飞机在水上停稳并解开安全带；

判断水面状态并确认外界水位在机门下方；

确认滑梯在预位状态；

打开舱门救生船或救生浮艇自动充气；

充气不足时拉人工充气手柄；

确认救生船或救生浮艇的充气状态；

指挥乘客上船或下水；

检查客舱确认没有乘客；

释放救生船或救生浮艇；

切断机体和船的连接线；

组织营救落水者；

到达安全区域后，指挥连接各船，清点乘客人数；

使用救生设备和求救设备。

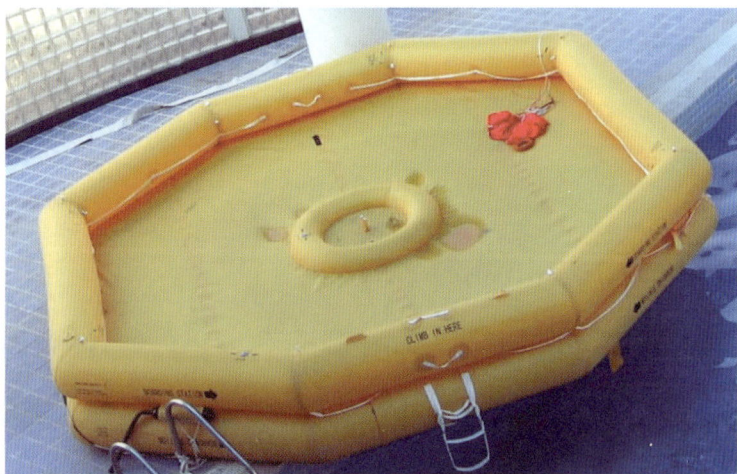

图 3.3.27　救生船

2. 翼上出口处救生船的使用

打开翼上出口；

拉出 W/L 和 W/R 出口上方的逃离绳，将其扣在机翼表面的圆环上；

取出救生船，将连接绳扣在安全带（或逃离绳）上；

将救生船推入水中；

待救生船浮出水面后，用力拉动充气绳，使救生船充气；

指挥乘客将救生衣充气，下水后拉着连接绳上船；

切断船与机体的连接；

指挥乘客将救生船划离飞机，营救落水者，到达安全区域后连接各船，使用求救设备。

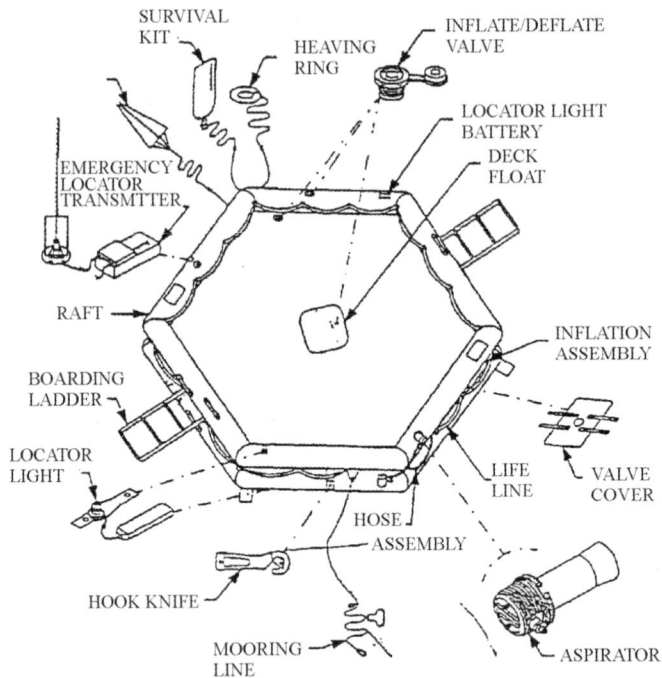

图 3.3.28　救生船结构

## （八）麦克风（Emergency Power Megaphone）

麦克风是用于在应急情况下指挥乘客的广播系统，可以在舱内和舱外使用。

1. 使用方法

（1）按下讲话开关；

（2）将麦克风靠近嘴部讲话；

（3）讲话声音要洪亮、清楚、缓慢；

（4）根据效果调节音量。

2. 飞行前检查

指定位置固定好，处于待用状态。

图 3.3.29　麦克风

## 四、反思与探究

### （一）如何根据飞机着陆情况选择应急出口撤离

紧急着陆机体姿态与滑梯的使用，要根据机长指示和周围环境以及飞机着陆（水）的姿态，决定哪些出口可以使用，哪些出口不可以使用。

（1）正常陆地迫降，如图 3.3.30 所示。

图 3.3.30　飞机正常陆地迫降

所有出口都可使用，但必须具备以下条件：

飞机在陆地迫降后机身没有断裂；

发动机没有起火；

周围环境不影响机上人员撤离；

机上所有出口可以正常打开。

（2）前轮或主轮折断时，如图 3.3.31 所示。

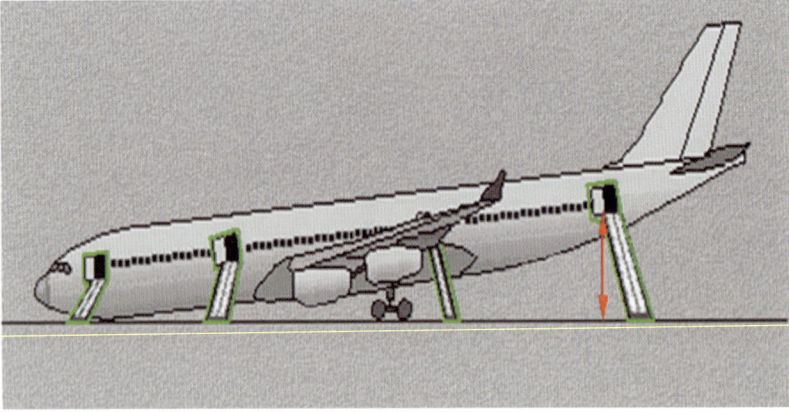

（a）

（b）

图 3.3.31　飞机前轮折断

机翼出口不能使用（因为发动机触地可能引起火灾）；

前轮折断，所有出口都可使用，但要根据后机门离地面高度，如果滑梯与地面有距离则不能使用。

（3）飞机尾部拖地，如图 3.3.32 所示。

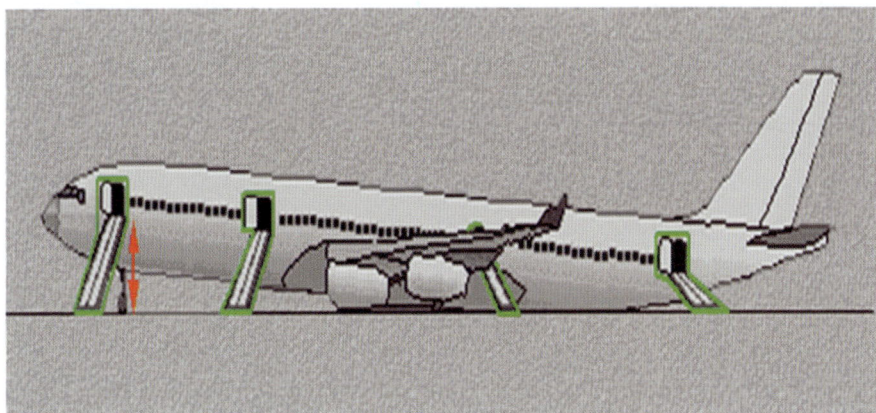

（a）

（b）

图 3.3.32　飞机尾部拖地

　　所有出口均可使用，但要根据前机门离地面高度，滑梯能与地面接触可以使用。

　　（4）飞机侧趴，如图 3.3.33 所示。

　　靠地面一侧的机翼出口不能使用，因为主轮一侧被折断后发动机可能触地，容易引起火灾。

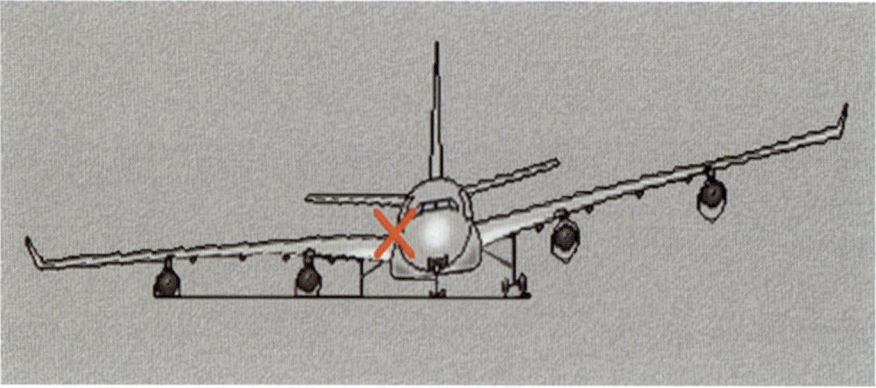

（a）

（b）

图 3.3.33　飞机侧趴

## （二）在乘客登机前如何检查应急设备

乘务员登机后对照应急检查单检查核实应急设备的位置，确认其处于待用状态。

（1）急救箱/应急医疗箱铅封完好；

（2）灭火瓶处于适用状态；

（3）氧气瓶压力指针在 1800 磅/平方英寸，面罩齐全；

（4）洗手间烟雾探测器电源指示灯亮；

（5）手电筒灯 3～5 秒闪亮一次；

（6）安全演示用具包内物品齐全并在规定位置；

（7）"安全须知"卡、"出口座位须知"卡在指定的位置；

（8）救生衣的包装完好并在规定的位置；

（9）出口门状况良好、正常；

（10）麦克风工作正常；

（11）防烟面罩铅封完好；

（12）广播、内话系统工作正常；

（13）客舱灯光工作正常；

（14）应急灯处于待用状态（应急灯连续2~3秒不亮，则不能运行）。

（15）滑梯包压力表指示在正常区域（应急灯连续2~3秒不亮，则不能运行）。

## 五、巩固与拓展

### （一）救生船内救命包（Survival Kit）的使用

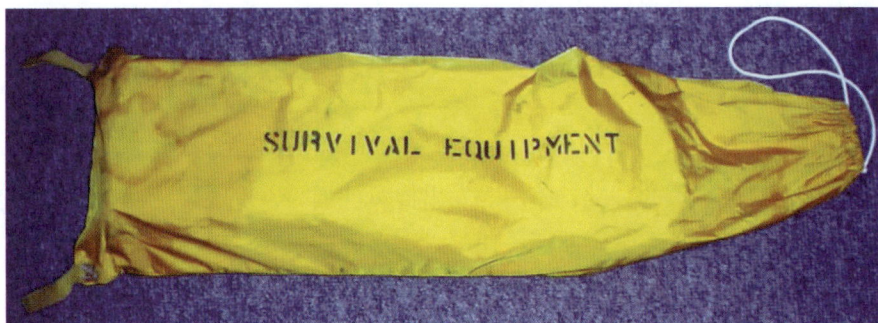

图3.3.34　救命包

1. 认识救命包内物品

安全灯（Safety Light）：共4个，用于标示船的位置，颜色为翠绿色；

饮用水（Drink Water）：有2瓶可饮用的淡水，1瓶1升；

晕船药（Sea Sickness Tablet）：共1瓶，用于晕船时服用，每瓶100片，使用见瓶体说明；

水淡化药片（Water Purification）：共1瓶，用于对海水的淡化，使用见瓶体说明，每瓶50片；

烧伤膏（Burn Ointment）：共6支，用于烧伤、灼伤、擦伤和虫咬；

眼膏（Eye Ointment）：共4支，用于眼部伤痛的治疗；

蔗糖（Sucrose Candy）：共2条，用于补充体内糖分，滋润口腔；

刀子（Pocket Knife）：共 1 把；

修补夹钳（Repair Clamp）：共 2 个，用于修补船上的破洞；

反光镜（Signaling Mirror）：共 1 块，用于反射阳光和月光，发出信号；

海水着色剂（Sea Dye Marker）：共 1 块，用于改变海水的颜色，发出信号；

碘酒擦（Antiseptic Swabs）：共 1 盒，用于外伤；

消毒绷带包（Bandage Compress）：共 1 包，用于外伤包扎；

脱水海绵（Sponge）：共 1 块，用于吸收船内的水；

海水手电筒（Flash Light）：共 2 个，用于照明和发出求救信号；

水桶（Bailing Bucket）：共 1 个，用于装淡水和清除船内的水；

口哨（Whistle）：共 1 个，用于集合和发出信号；

保命书（Survival Book）：共 1 本，用于幸存者生存指南。

2. 反光镜

将反射光源照到参照物上，通过视窗孔可看到小白亮点；

慢慢将小白点向目标移动；

通过视窗孔使小白点与目标重叠。

注意：将反光镜的带子套在脖子上；距离近时不要再向目标反射光源；反射距离为 14 公里。

3. 信号筒

白天使用橘黄色平滑的一端，使用时发出橘黄色烟雾，夜晚使用的一面红色盖子上有三个凸起，触发开关上有金属圆环，使用时发出红色火光。使用时间为 20~30 秒。

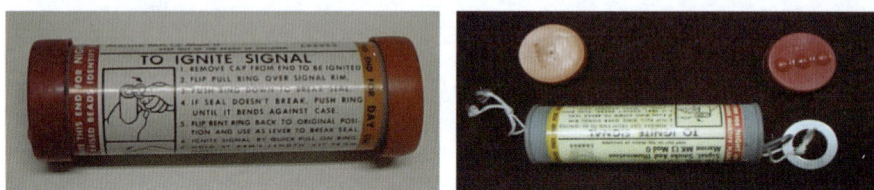

图 3.3.35　信号筒

4. 化学安全棒灯

化学安全棒灯在夜晚使用。

从中间弯曲；

轻轻摇晃；

使用时间：12 小时；

不要折断。

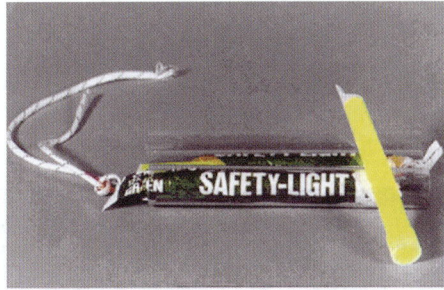

图 3.3.36　化学安全棒灯

**5. 海水着色剂**

海水着色剂使海水变为荧光绿色，可持续 2～3 小时。在白天无风浪时使用，一次用一个。

**6. 海水手电筒**

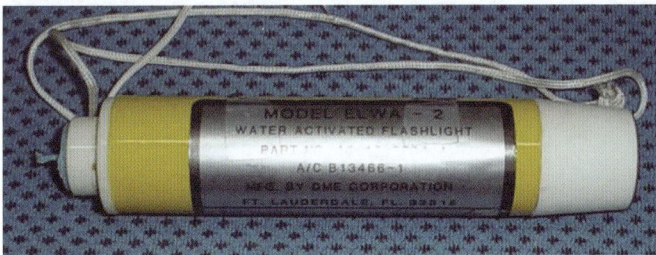

图 3.3.37　海水手电筒

**7. 修补夹钳**

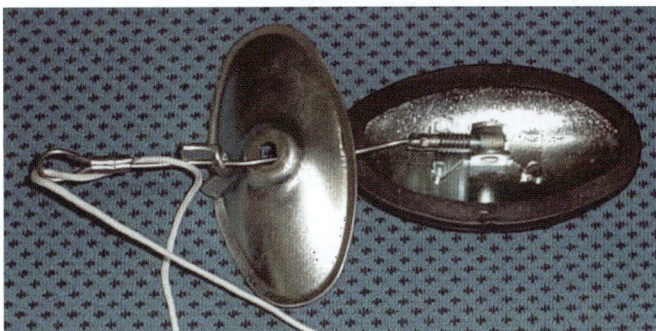

图 3.3.38　修补夹钳

修补夹钳用于修补救生船、救生衣、水桶。

**8. 海水脱盐器**

一个海水脱盐器内有一个塑料袋和 6 包药。向塑料袋中装入海水，放入一块药，轻轻摇晃搅动，一小时后可以饮用。

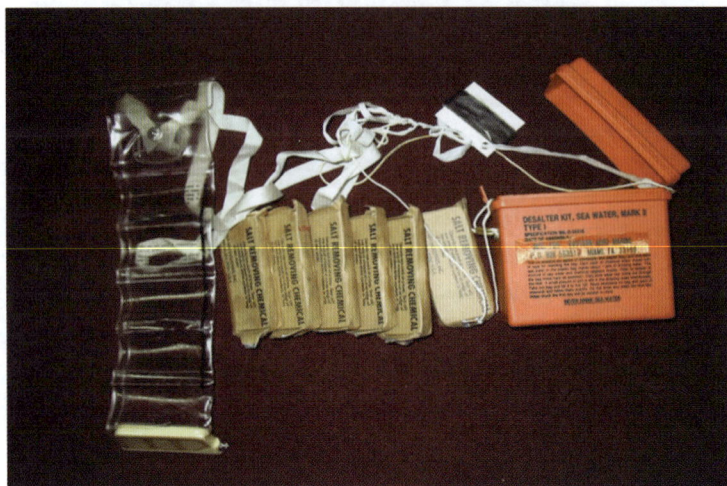

图 3.3.39　海水脱盐器

**9. 多功能刀**

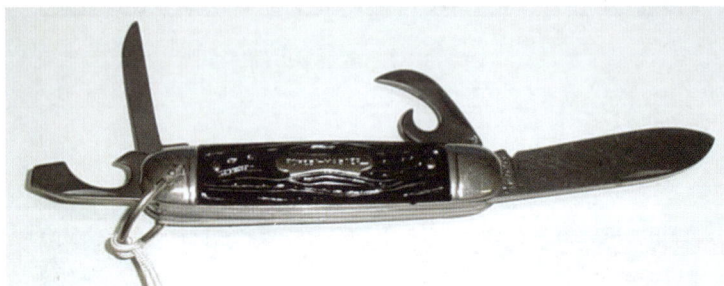

图 3.3.40　多功能刀

**10. 手动气泵**

手动气泵用于给救生船充气，使用时不要解开连接绳。

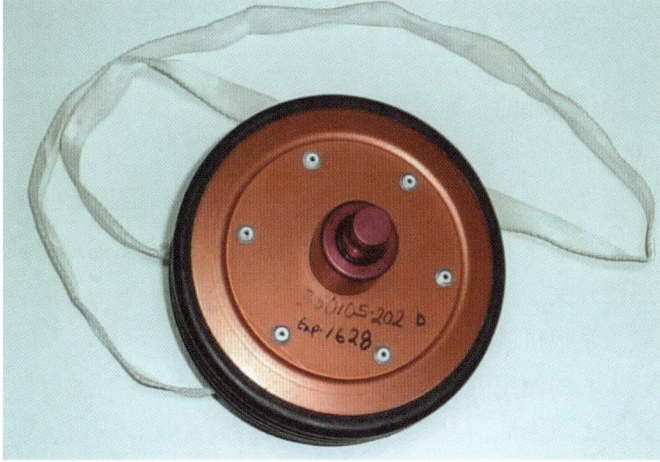

图 3.3.41　手动气泵

11. 水桶

图 3.3.42　水桶

水桶用于从救生船内舀水，收集淡水，与海水脱盐器一同使用。

## 思 考 题

1. 紧急情况下操作滑梯的正确方法是什么？

2. 波音737-800机型打开机翼出口程序是什么？

3. 空客320机型机翼出口与波音737-800机型机翼出口的最大区别是什么？

4. 当空客320机型的翼上滑梯被损坏，如何操作可作为撤离通道使用？

5. 简述应急照明开关的位置及几种操作方式。

6. 陆地使用应急发报机的正确方法有哪些？

7. 简述成人救生衣的使用方法。

8. 了解飞机着陆发生不同情况下的应急出口选择。

## （二）机上服务设备中英文对照表及应急设备分布图

**表 3-3-1　机上服务设备中英文对照表**

| 客舱 | cabin | 厨房 | galley |
|---|---|---|---|
| 座椅靠背 | seat back | 食品箱 | container |
| 座椅扶手 | armrest | 抽屉 | drawer |
| 座椅背后口袋 | seat pocket | 厨房电源 | galley-power |
| 小餐桌 | seat table | 照明 | area light |
| 烟灰缸 | ash tray | 烧水杯 | hot cup |
| 衣帽间 | closet | 冷风机 | air chiller |
| 呼叫按钮 | call button | 保温箱 | warming cabinet |
| 阅读灯 | reading light | 保温壶 | hot jug |
| 座椅 | seat | 煮水器 | water boiler |
| 行李架 | overhead compartment | 废物箱 | waste bin |
| 座椅套 | dress cover | 洗手池 | wash basin |
| 安全带 | safe belt | 烤炉 | oven |
| 音量调节 | volume control | 升降梯 | lift cart |
| 乘客娱乐和服务系统 | passenger entertainment and service system | 烤炉定时器 | time selector |
| 水关闭阀 | water shut off value | 录像系统 | video equipment |
| 工作灯 | work light | 电影屏幕 | screen |
| 厨房照明 | counter light | 卫生间 | lavatory |
| 投影无图像 | no display on screen | 遥控器连接线 | cable for pcu |
| 耳机插孔 | headset plug | 抽水马桶 | flushing toilet |
| 耳机没有声音 | no audio | 冲水钮 | toilet flush |
| 电视盖板 | video cover | 烟雾探测器 | smoke detector |
| 登机音乐 | boarding music | 化妆品抽屉 | amenities drawer |
| 遥控器 | pcu | 储藏箱 | stowage |
| 紧急设备 | emergency equipment | 滑梯包 | slide package |
| 客舱温度 | cabin temperature | 氧气瓶 | oxygen bottle |
| 婴儿摇篮 | baby bassinet | 手电 | flash light |
| 折叠车 | folding trolly | 救生衣 | lift vest |
| 灭火瓶 | extinguisher | 滑梯 | slide |

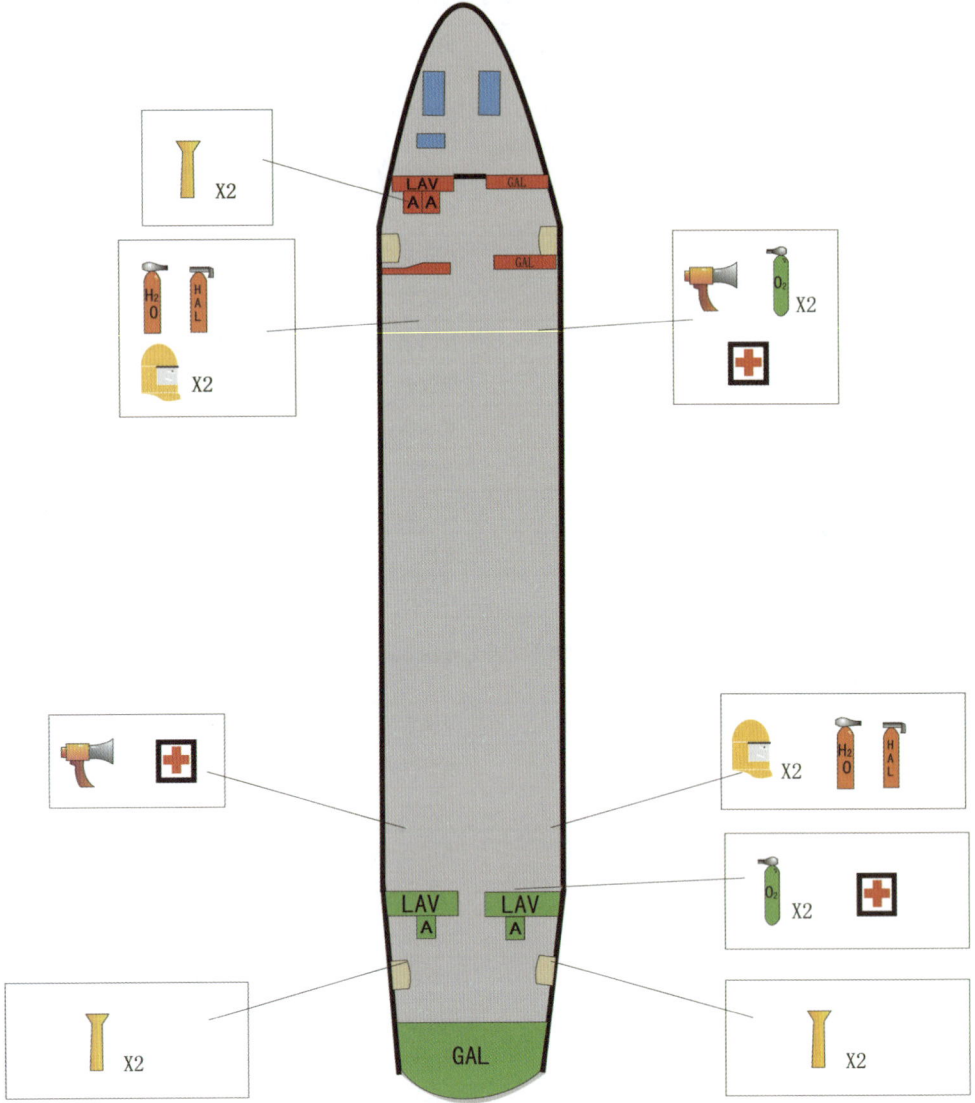

图 3.3.43　波音 737-800 机型应急设备分布图

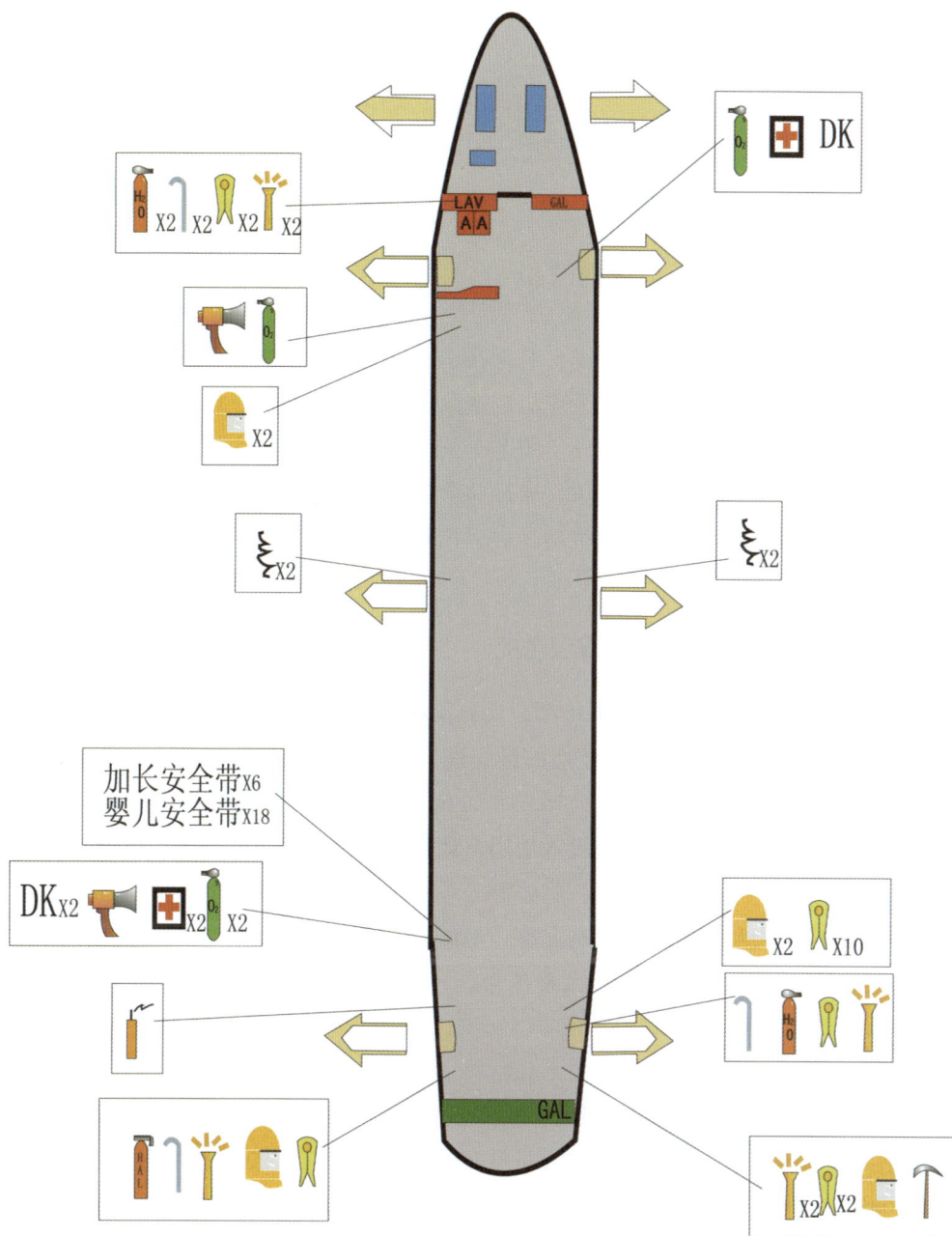

图 3.3.44 空客 320 机型应急设备分布图

# 附录

# 知识拓展

## 一、认识世界上最新最大的飞机

飞机与其他先进的交通工具一样，总是在不断进行技术改进和各种性能的改善。安全、省油、远程、超大已经成为几大飞机制造商相互竞争的目标。世界上最重要的两大飞机制造商——美国波音公司和欧洲空中客车公司分别以正在生产的波音 787 型飞机和空客 380 型飞机引起了全世界的关注。通过这个部分的学习，了解到目前为止世界上最大最新飞机的相关知识，掌握相关机型种类，拓宽视野，以发展的眼光看待新机型领域的不断变革及创新。

### （一）认识全新的空客 380 型双层飞机

#### 1. 巨无霸需要对应的跑道及机场配套设施设备

555 座的空客 380 是迄今为止建造的最先进、最宽敞和最高效的飞机。空中客车公司从飞机设计之初就与主要的航空公司、大约 60 个主要机场和适航机构进行了密切的协作，以确保机场的兼容性并顺利投入使用。调查研究包括跑道能否供该机型起降，候机楼如何保障乘客上下飞机的通道、廊桥等一系列因素。国内现有的具备空客 380 型飞机起降条件的机场为数不多，主要有北京、上海、广州几个大型机场。

#### 2. 目前为止空客 380 型飞机的主要优势

1）乘客多且空间宽敞

空客 380 型飞机融合了最新的技术和材料，采用了先进系统和行业工艺，达到了最严格的国际适航审定要求。与最接近的竞争机型相比，空客 380 的载客量上升了 35%，乘客的个人空间也更大。这使得航空公司可在各个级别提供无与伦比的舒适度，并为乘客提供了更加宽敞的空间。

2）成本低且环保

空客 380 型飞机的效率和先进技术使座英里成本降低了 15% 至 20%，其航程也比其他大型飞机增加了 10%。

鉴于航空旅行预计将持续增长，空客 380 型飞机具有运送较多乘客的能力，可以在不增加航班次数的情况下缓解空中交通堵塞。该型飞机极大地削减了噪音和排放水平，把对环境的影响降至最低。空客 380 型飞机采用的新一代发动机和先进的机翼、起落架设计使其在起飞时释放的噪音降低一半，这不仅使其符合目前的噪音限制标准，而且比其竞争机型更加安静。空客 380 型飞机采用的复合材料和轻质材料达到了前所未有的水平，减轻了飞机的重量，使其成为一架高燃油效率的飞机，与竞争机型相比，其油耗降低 12%，并相应减少了排放。空客 380 是首架每乘客百公里油耗不到 3 升的远程飞机，这一比例相当于一辆经济型家用汽车的油耗。

3）同类机型的飞行员改驾简单

在提供全新设计的所有优势的同时，空客 380 继续将其系列共通性的好处带到了超大型飞机领域。由于具有相同的驾驶舱布局、程序和操纵特性，飞行员只需要少量的额外训练就可以从空客的其他电传操纵飞机转换到空客 380。

4）空客 380 型飞机的系列化介绍

空客 380 的系列化从基本型的客机开始，采用三级客舱布局时，载客量为 555 人，航程达 15000 公里/8000 海里。其货运机型空客 380F 可运载 150 吨（330000 磅）业载，航程超过 10400 公里/5600 海里。在基本型的基础上衍生出来的延长型（Stretched）、短程型和延程型空客 380 将待市场需要时提供。空客 380 可选装罗尔斯·罗伊斯公司的遄达 900 发动机或联合发动机公司（Engine Alliance）（通用电气和普惠的合资公司）的 GP7200 发动机。

中国南方航空公司共订购了 5 架空中客车 380 型飞机，在 2011 年开始交付使用。

3. 空客 380 型飞机的基本技术参数及专用名词解释

飞机的技术参数是指各种机型不同的机身长度、高度、飞机的商务载重、油量载重及航程等等。

翼展：79.8 米

翼展是指飞机左侧机翼的翼尖到右侧机翼翼尖所伸展出来的全部长度。

机长：73 米

机长是指从飞机机头到飞机尾部机身的长度。

高度：24.1 米

高度是指从飞机的轮子到飞机尾翼的最高点。

最大起飞总重：560000 公斤

最大起飞总重是飞机本身重量加上燃油、商务载重等在起飞时的限制重量，与飞机机型、跑道长短、燃油及商务载重、天气风向有直接的关系。

最大载油量：310000 升（约 300 吨）

最大载油量是指飞机油箱能装载的油量，一般都以升为计量单位。

动力装置：4 台遄达 900 或 GP7000 型涡扇发动机

动力装置是指飞机发动机数量及发动机型号。

巡航速度：0.89 马赫（1 马赫等于 1200 公里）

巡航速度是指发动机在每公里消耗燃油最少的情况下飞机的飞行速度。

货舱容积：1085 立方米

货舱容积是指货舱的空间。

载客量：555

载客量是指该机型最大乘客数量。

客舱布局：3-4-3

客舱布局是指双通道客舱，通道两侧一排各 3 个座位，中间 4 个座位。

最大航程：15000 公里

最大航程是指该机型在乘客满载及有足够燃油量的情况下可以连续飞行的里程。

4. 主要型号介绍

空客 380-800：基本型，标准客舱布局 555 座，双层客舱。

空客 380-800F：全货运型，可在载重 150 吨的情况下飞行 10000 公里。

计划中的空客 380 飞机

空客 380-700：缩短型，标准客舱布局 460 座，计划中。

空客 380-900：加长型，标准客舱布局 656 座，计划中。

5. 新加坡航空空客 380 型飞机规格

发动机：4 台遄达 900

客机容量：471 名乘客

### 附表 1　空客 380 型飞机的客舱基本规格（新加坡航空公司）

| | 新航豪华套舱 | 商务舱 | 经济舱 |
|---|---|---|---|
| 座椅数量 | 12 | 60 | 399 |
| 布局 | 1-2-1 | 1-2-1 | 3-4-3（主客舱；311 人座）<br>2-4-2（上层机舱；88 人座） |
| 新航豪华套舱 | 商务舱 | 经济舱 | |
| 座椅间距 | 2.05 米<br>81 英寸 | 1.40 米<br>55 英寸 | 81.5 厘米<br>32 英寸 |
| 座椅宽度 | 58 厘米<br>23 英寸（扶手之间）<br>90 厘米<br>35 英寸<br>36 英寸（扶手折起） | 87 厘米<br><br>34 英寸 | 48 厘米<br><br>19 英寸 |
| 座椅放置 | 130°或单独全平躺床 | 130°或平躺床 | 115° |

|  | 新航豪华套舱 | 商务舱 | 经济舱 |
|---|---|---|---|
| 床规格 | 198 厘米 ×69 厘米<br>78 英寸 ×27 英寸（长方形） | 193 厘米 ×87 厘米<br>（最大宽度）<br>76 英寸 ×34 英寸<br>（最大宽度） |  |
| 机载娱乐设备显示屏尺寸 | 58 厘米<br>23 英寸 | 39 厘米<br>15.4 英寸 | 27 厘米<br>10.6 英寸 |
| 交流电源 | 座椅内置 | 座椅内置 | 座椅内置：二路三相 |
| USB 接口 | 座椅内置 | 座椅内置 | 座椅内置 |
| 视频（AUX 声道） | 座椅内置 | 座椅内置 | 座椅内置 |

注：以上数据来自民航资源网。

**附表 2　空客 380 的客舱娱乐及办公软件**

| 项目 | 主要特性 |
|---|---|
| 娱乐（电影、电视、音乐、广播） | 100 部电影，180 个以上电视节目，700 张 CD 以及 22 个以上的广播频道 |
| 游戏 | 包括多人和 3D 游戏 |
| 工作软件 | Word 文字处理软件，Spreadsheet 电子制表软件和 Presentation 文稿演示软件 |
| 学习软件 | Word Traveller 语言学习软件<br>Health Notes 健康笔记软件<br>Executive Books Summaries 商务应用软件<br>Culture Quest 文化探寻软件 |

注：以上数据来自民航资源网。

## 6. 空客 380 型飞机外观

附图 1　阿联酋航空空客 380

附图 2　澳大利亚快达航空空客 380

附图 3　汉莎航空公司空客 380

附图 4　马来西亚航空空客 380

附图 5　法国航空公司空客 380

附图 6　英国航空公司空客 380

附图 7　新加坡航空公司空客 380

附图 8　中国南方航空公司空客 380

注：附图 1 ~ 8 来源于民航资源网。

**思 考 题**

1. 了解空客 380 型飞机的基本技术参数。
2. 空客 380 型飞机与同类飞机相比优势有哪些？

### （二）梦幻飞机——波音 787

**1. 波音 787 型飞机简介**

20 世纪 90 年代后期，随着民用飞机市场份额不断流失给其欧洲竞争对手空客（Airbus），波音 767 在与空客 330 的竞争中处于下风，波音公司决定研发其取代产品，向市场推出"音速巡航者"（Sonic Cruiser），强调在燃油消耗与波音 767 和空客 330 相当的情况下，飞行速度接近音速。

不过随着"9·11"事件的发生，全球航空市场严重受创，民机需求量急剧萎缩，

"音速巡航者"难以获得计划启动的足够订单，同时，航空公司方面也认为在油价不断上升的情况下，低燃油消耗、高效益的飞机比高速度的飞机更重要。波音在认真研究了市场需求后，最终决定放弃"音速巡航者"计划，提出波音 7E7（波音 787 的前身），以取代"音速巡航者"。

波音公司对 7E7 计划寄予厚望，7E7 中的"E"字主要代表效率（Efficiency），此外也表示经济性（Economic）、超凡的乘坐舒适性和便利性（Extraordinary comfort and convenience）、环保性能（Environmental performance）以及电子化系统（E-enabled）。波音公司认为，波音 7E7 将为航空公司降低运营成本，创造更多利润，同时为乘客提供更舒适的客舱环境，以及更多的不经停直飞航线。

2005 年 1 月 28 日，波音公司为波音 7E7 梦幻飞机确定了正式的机型代号：波音787。自此，该飞机被称为波音 787 梦幻飞机。波音公司解释说，以往使用 7E7 这一名称是为了突出该飞机出色的效率（Efficiency）优势。为飞机正式确定机型代号将延续其在效率以及其他诸多方面的优势，这也是波音的传统做法，在飞机的研发阶段给其一个字母代号，而在项目启动后为其确定一个数字。例如，波音 757 在开始研发时被称为7N7，波音 767 被称为 7X7，而波音 777 则被称为 767-X。此外，在许多亚洲文化里，数字 8 代表着好运和繁荣。而波音、空客两大飞机制造商争夺的重点正是亚洲市场，相信这也是一个重要因素，让波音放弃其非常推崇的"E"而决定使用"8"的型号名称。

波音 787 于 2006 年开始生产，在 2007 年进行首飞和测试，并在 2008 年获得认证、交货并开始投入运营。因技术原因，波音 787 的首飞推迟。2009 年 12 月 22 日，波音787 完成第一次飞行。

2. 波音 787 型飞机的设计特点

波音公司在研制 787 上使用了"音速巡航者"所提出的技术以及机体设计，并决定在 787 的主体结构（包括机翼和机身）上大量采用先进的复合材料。这使得波音 787成为有史以来第一款在主体结构上采用先进复合材料的民用飞机。重量比例将达到空前的 50%，此前这个比例只有 20%。发动机方面，波音 787 可选装通用电气 GE GENX 系列或罗罗公司的遄达 1000 系列。波音 787 为飞机配备标准的发动机接口界面，使 787飞机能够随时配备任一制造商的发动机，不存在不兼容的问题。此外波音 787 还将用电子设备取代过去 60 年来喷气机采用的标准配置——引气系统，波音表示这样的创新设计将有效提高发动机效率。

由于波音 787 采用大量复合材料降低了飞机重量，加上新型的发动机和创新的流线型机翼设计，可比目前同类飞机节省 20% 的燃油消耗。此外，波音 787 除了让中型飞机尺寸与大型飞机航程结合，还将以 0.85 倍音速飞行，这与当代速度最快的民用飞机波音 747 速度是相同的，使其点对点远程不经停直飞能力得到更好的体现。波音 787 系列属于 200 座至 300 座级飞机，航程随具体型号不同可覆盖 6500 至 16000 公里。

在乘坐舒适性方面，波音 787 增大了客舱湿度，降低了客舱气压高度，这样客舱环境更湿润，乘客会感到更舒适。机上娱乐、因特网接入更为完善，机身截面形状采用双圆弧形，顶部空间也进行了优化设计，为乘客提供了更宽敞的空间。

3. 波音 787 型飞机的基本技术参数

翼展：50.3～51.8 米

机长：55.5 米

高度：16.5 米

最大起飞总重：163000 公斤

动力装置：两台遄达 1000 系列型涡扇发动机

巡航速度：0.85 马赫

货舱容积：124.52 立方米

载客量：289

最大航程：15700 公里

4. 波音 787 型飞机系列介绍

波音 787 梦想飞机目前有三种型号在研制生产中，以下数据资料为计划和理论设计参数，仅供参考。

波音 787-8：

波音 787 的基本型号，采用标准的三级客舱布局，可载客 217 人，航程达 15700 公里，原计划 2007 年完成首飞，2008 年投入使用。

波音 787-3：

主要针对高密度短程航线设计，机翼重新进行优化以利于短航程飞行，采用两级客舱布局，可载客 289 人，航程 6500 公里，原计划 2007 年完成首飞，2008 年投入使用。

波音 787-9：

波音 787-8 的加长型，机身加长了 6 米，采用标准的三级客舱布局，可载客 257 人，由于波音 787-3、波音 787-8 生产计划已排满的原因，目前尚没有确认的波音 787-9 订单，因此波音 787-9 将推迟研制生产，原计划 2009 年完成首飞，2010 年投入使用。

5. 中国的订单

2005 年 1 月 28 日，中国官员与波音公司在美国华盛顿特区签署了购买 60 架波音 787 梦幻飞机的协议。这些飞机将交付给中国国际航空公司、中国东方航空公司、中国南方航空公司、海南航空公司、上海航空公司、厦门航空公司。

6. 波音 787 型飞机外观

附图 9　波音 787（一）

附图 10　波音 787（二）

附图 11　波音 787（三）

附图 12　波音 787（四）

附图 13　梦幻飞机的客舱灯光

注：附图 9～13 来自民航资源网图库。

思 考 题

1. 波音 787 型飞机的先进技术主要在哪些方面？
2. 波音 787 型飞机（7E7 飞机）中间的英文字母"E"所代表的含义是什么？

### （三）认识波音飞机的巨无霸——波音747型飞机

波音747型飞机是波音公司生产的四发（动机）远程宽机身运输机，是一种研制与销售都很成功的宽机身客机。1965年8月开始研制，1969年2月原型机试飞，1970年1月首架747交付给泛美航空公司投入航线运营，开创了宽体客机航线服务的新纪元。它的双层客舱及独特外形成为最易辨认的亚音速民航客机。波音747型飞机自投入运营以来，一直垄断着大型运输机的市场。1990年5月起，除波音747-400型外，其他型号均已停产。

附图14　波音747型飞机

1. 波音747型飞机系列机型简介

波音747-200SR型：

主要为日本国内短航程高客流量航线设计。

1）波音747-SP型

100型的缩短型，SP意为特殊性能，机身缩短14.2米，后机身被彻底压缩，加大了航程，用于低密度远航程航线，可载客300～320人。1976年3月投入使用，1982年停产，共生产45架（1989年曾为阿联酋特别制造一架豪华型747SP）。

附图 15　波音 747-SP

2）波音 747-100 型

此外还有载重量较大的-100B 型、-100F 全货机型、-100C 客货混装型，共生产 205 架。

附图 16　波音 747-100 型飞机

3）波音 747-200F 型

200 型的货运型，可载货 90 吨，是目前最常见的大型货机。

波音 747-200 型客机：

别称为 747B 型。

100 型的改进型，提高了商务载重，增加了航程，1971 年 2 月投入使用，共生产
384 架。

附图 17　波音 747-200 型客机

4）波音 B747-300 型

200 型的改进型，上层客舱加长 7.11 米，1983 年 4 月交付使用。瑞士航空公司是
波音 747-300 的首家用户。共生产 81 架。

附图 18　波音 747-300 型飞机

5）波音 747-400 型

300 型的改进型，翼尖加装翼梢小翼，减少阻力，可增大航程 3%，翼梢小翼也是

其外形上与 300 型的一个明显区别。使用先进铝合金，使机翼和起落架共减重 3.5 吨，在水平安定面增设油箱。1988 年开始投入使用。该机型属于第二代波音 747，为双人机组的波音 747。它是 1990 年 5 月后唯一生产的 747 型号。

附图 19　波音 747-400

附图 20　波音 747-400 型飞机的客舱与驾驶舱

6）波音 747-400（P）型

最常见的全载客型。

7）波音 747-400D 型

400 型的高客容量型，客舱可载客 568 名，此机型是特别为日本国内航线设计。该型机没有一般 400 型都有的翼梢小翼，上层客舱每侧各增加 5 个舷窗。

1991 年 10 月获适航证书，共交付 19 架。

8）波音 747-400F 型

400 型的全货机型。

此外，还有几种特殊型号：

E-4 型：由波音 47-200B 所改装的空中指挥所型，供美国空军使用，共改装 4 架。

"空军一号"：由波音47-200B改装而成，为美国总统专机，共生产两架。空军代号VC-25。

附图21 美国"空军一号"专机

2. 波音747型飞机的基本数据与客舱布局图

常见的波音747-400的数据：

翼展：64.4米

机长：70.7米

机高：19.41米

两级座舱布局载客：524人

货舱容积：170立方米

最大油箱容量：216840升

最大商载：65吨

最大起飞总重：362~395吨

最大航程：13570公里

动力装置：四台涡扇发动机

可选发动机型号：

普惠公司4000系列

PW4062

（最大推力：63300磅）

通用电气公司CF6-80系列

CF6-80C2B5F

（最大推力：62100 磅）

罗尔斯-罗伊斯公司 RB211 系列 RB211-524H

（最大推力：59500 磅）

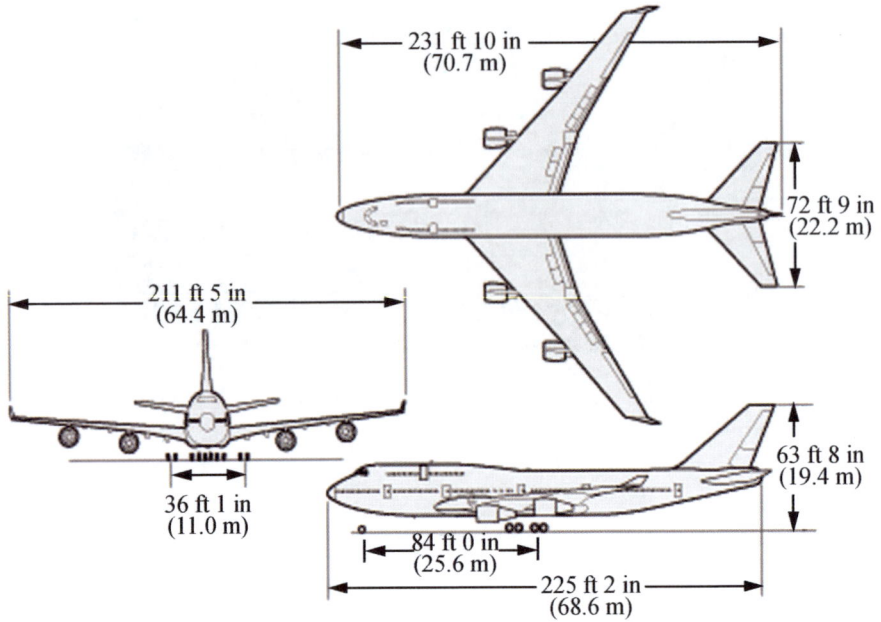

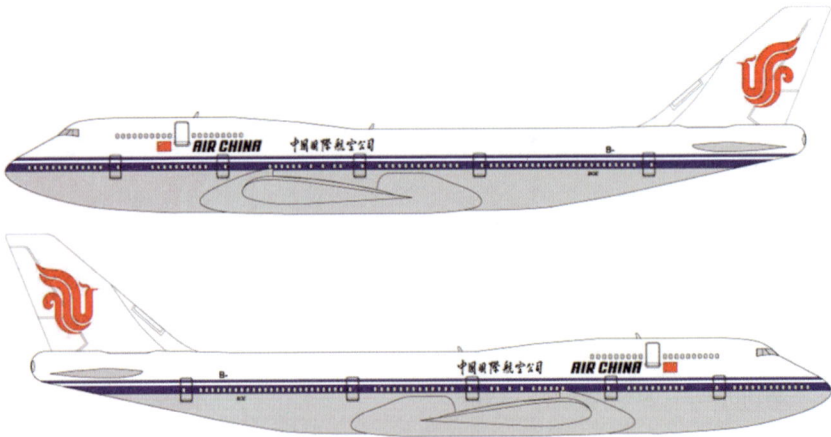

附图 22　波音 747-400 三视图

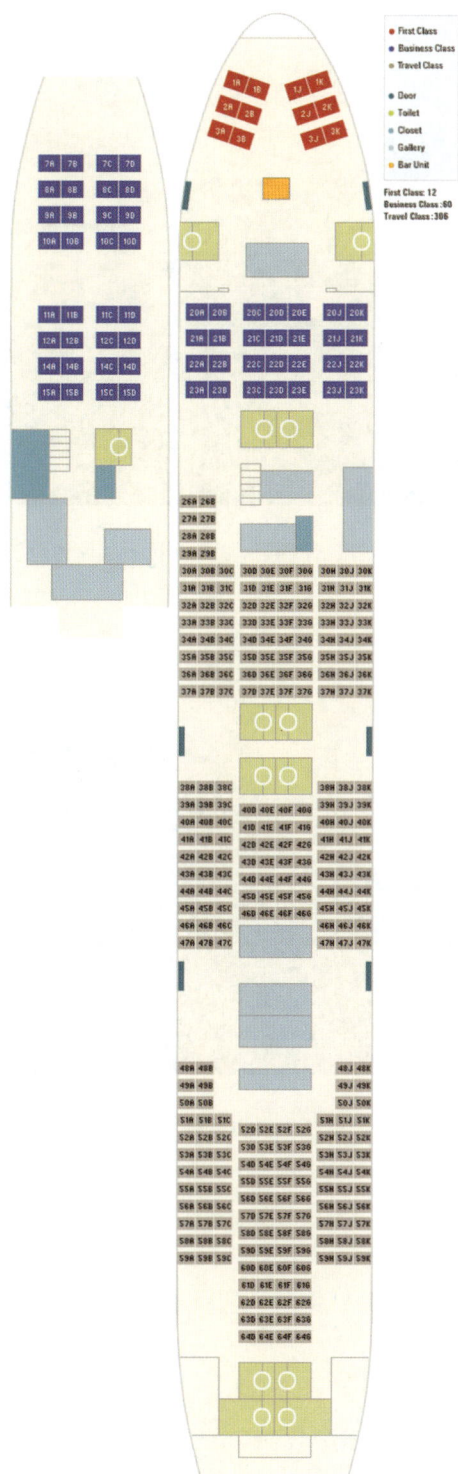

附图 23　波音 747-400 型飞机的客舱布局

附图 24 波音 747-400 型飞机上层商务舱

附图 25 波音 747-400 型飞机豪华头等舱

思 考 题

1. 波音 747 型飞机的基本技术参数？
2. 波音 747 型飞机共有哪几种机型？

## 二、未来的航空市场——公务机

### （一）湾流公司介绍

湾流宇航公司是目前世界上生产豪华、大型公务机的著名厂商。1999 年由通用动力公司完全收购，其主要产品为"湾流"系列飞机。

1958 年，公司前身格鲁曼飞机公司推出专为商务应用设计的第一架公务机"湾流"Ⅰ，1966 年出厂的"湾流"Ⅱ创立了大型座舱公务机市场。1973 年，阿伦·E·保尔森以 200 万美元从格鲁曼公司购买了湾流飞机的生产线并接管了湾流各项计划，湾流公司诞生了。随后湾流公司先后研制生产了"湾流"Ⅲ、Ⅳ、Ⅴ型公务机，目前仅生产"湾流"Ⅳ-SP、"湾流"Ⅴ系列。

2001 年 6 月，通用动力公司控股银河宇航公司（以色列飞机工业公司 1997 年在美国支持下成立）后，将该公司的银河、阿斯特拉公务机加入湾流系列并重新命名为湾流 100/200，加大"湾流"公务机的规模。

到目前为止，湾流公司已生产了 1300 多架飞机，广泛应用于民用、商业、政府机构、私人、军用各个领域，其中美国《财富》杂志所列 500 家最大企业中有超过 1/4 的公司使用"湾流"公务机。

### （二）湾流公务机系列介绍

1. "湾流"Ⅰ

湾流公司前身格鲁曼飞机公司生产。20 世纪 50 年代初期，格鲁曼飞机公司发现市场需要行政机，便着手开始研制上单翼的 S2"追踪者"反潜机的衍生机型，但计划失败，随后根据客户要求在 1957 年继续研制改进，形成后来采用下单翼布局的"湾流"Ⅰ，初定名为 G.159。

附图 26 "湾流"Ⅰ

"湾流"Ⅰ于1958年8月14日首飞。由于未按正常程序进行,首飞过程中飞机故障,在空中燃油系统关闭,飞机进行了紧急迫降。1959年10月,"湾流"Ⅰ开始投入运营。"湾流"Ⅰ最大巡航速度为560公里/小时,动力装置为两台罗尔斯-罗伊斯公司达特539涡桨发动机。

2. "湾流"Ⅱ

"湾流"Ⅱ是湾流公司前身格鲁曼飞机公司研制生产,1965年5月开始研制,采用T型尾翼,以喷气发动机为动力,在乘坐舒适度和航程上较"湾流"Ⅰ有很大的改善。最初定名为G.1159。

1966年10月2日首飞。1967年10月获FAA适航证。

"湾流"Ⅱ(TT):装备翼尖油箱,加大了航程,增加了机翼面积,提高了飞行性能和操作性能。

"湾流"Ⅱ-SP:加装航空伙伴公司的翼尖融合小翼。

截止到停产,"湾流"Ⅱ各型共生产258架。

附图27 "湾流"Ⅱ-SP型飞机

"湾流"Ⅱ基本技术参数:

翼展:21米

机长:24.4米

机高:7.5米

标准载客:10人至19人

最大商载:2.5吨

空机重量:16.6吨

最大起飞总重：29.4 吨

最大油量航程：4800 公里

巡航速度：851 公里/小时

巡航高度：13716 米

动力装置：两台罗尔斯-罗伊斯公司斯贝 MK511-8 涡扇发动机（最大推力 11400 磅）

3. "湾流" Ⅲ

"湾流" Ⅲ是"湾流" Ⅱ的改进型，与"湾流" Ⅱ型的主要区别在于重新设计的机翼上带有翼梢小翼，增加了机身长度和燃油容量，燃油效率提高了 18%。1978 年春，湾流公司宣布研制"湾流" Ⅲ，1979 年 12 月 2 日第一架原型机首次试飞，1980 年 9 月 22 日获美国联邦航空局型号合格证。至 1988 年 9 月停产，总生产量达 206 架。

附图 28　"湾流" Ⅲ型飞机

4. "湾流" Ⅳ

"湾流" Ⅳ是"湾流" Ⅲ型飞机的发展型，1983 年开始初步设计。自 1985 年起开始生产 4 架原型机，同年 9 月 19 日第一架原型机首次试飞。1987 年 4 月 22 日获得美国联邦航空局型号合格证。"湾流" Ⅳ在"湾流" Ⅲ大受欢迎的基础上增加航程约 40%，改用新型发动机增加功率，并降低噪音以符合新的联邦航空条例。

5. "湾流" Ⅳ-SP

"湾流" Ⅳ-SP 是目前唯一生产的"湾流" Ⅳ的型号，1992 年 6 月首飞，使用新型电子飞行仪表，商务载重与航程比标准型"湾流" Ⅳ增加约 50%。

附图 29　"湾流" Ⅳ-SP 型飞机

"湾流" Ⅳ-SP 的基本数据：

翼展：23.7 米

机长：26.9 米

机高：7.4 米

标准载客：12 人至 19 人

最大商载：2.9 吨

空机重量：19.3 吨

最大起飞总重：33.8 吨

最大油量航程：7820 公里

巡航速度：851 公里/小时

巡航高度：13716 米

动力装置：两台罗尔斯-罗伊斯公司斯贝 MK611-8 涡扇发动机（最大推力 13850 磅）

6. "湾流" Ⅴ

"湾流" Ⅴ是"湾流" Ⅳ型飞机的发展型，1992 年宣布开始研制，是世界上第一架超远程公务机，在"湾流" Ⅳ型的基础上加长 2.13 米，采用新型机翼和尾翼，不经停航程可达 12000 公里。1995 年 11 月 28 日第一架原型机首次试飞。1997 年 4 月获得美国联邦航空局型号合格证，已交付约 150 架。

"湾流" Ⅴ-SP：进一步加大航程，客舱内部空间加大，改善舒适度，2001 年 8 月 31 日首飞，未有正式投入运营的报道。

附图30　"湾流"Ⅴ型飞机

"湾流"Ⅴ的基本数据：

翼展：28.5 米

机长：29.4 米

机高：7.9 米

标准载客：13 人至 19 人

最大商载：2.9 吨

空机重量：21.8 吨

最大起飞总重：41.1 吨

最大油量航程：12046 公里

正常巡航速度：851 公里/小时

最大巡航高度：15545 米

动力装置：两台罗尔斯-罗伊斯公司 BMW BR710 涡扇发动机（最大推力 14750 磅）

7. "湾流"100/200 系列

"湾流"100/200 的前身是以色列飞机工业公司研制生产的阿斯特拉（ASTRA）IAI1125 SPX、IAI1126 GALAXY（银河）公务机。

阿斯特拉飞机最初的原型机是 20 世纪 60 年代初期美国空中指挥官公司设计的 1121 喷气指挥官飞机，由于其母公司罗克韦尔公司受美国反垄断法限制，1967 年将该生产线出售给以色列飞机工业公司，随后由该公司进一步发展该机型，1987 年开始转型生产新型阿斯特拉飞机（IAI1125），1994 年进一步改进开始生产阿斯特拉（ASTRA）SPX 型号，1995 年底投入使用。1997 年 2 月，以色列飞机工业公司在美国协助下成立银河宇航公司，在美国生产该型号飞机。2001 年 6 月被通用动力公司收购，阿斯特拉（ASTRA）IAI1125 SPX 更名为"湾流"100，IAI1126 GALAXY（银河）公务机更名为"湾流"200。

"湾流"200 的基本数据：

翼展：17.7 米

机长：18.97 米

机高：6.53 米

标准载客：8 人至 10 人

最大商载：1.9 吨

空机重量：8.98 吨

最大起飞总重：16.1 吨

最大油量航程：6667 公里

正常巡航速度：870 公里/小时

最大巡航高度：13716 米

动力装置：两台普惠加拿大公司 PW306A 涡扇发动机（最大推力 6040 磅）

附图 31 "湾流"100 型飞机

8. "湾流" 200 型公务机系统介绍

附图 32　"湾流" 200 型飞机

附图 33　"湾流" 200 型飞机

1）一个良好环境的创设

在"湾流" 200 宽松的客舱里有两个宽敞舒适的会客区，座位极为宽大，还有一个有充足空间的大厨房和行李储存空间。这样的空间营造出最良好的舒适环境，设计理念独树一帜。

2）为你的工作效益最大化而设计

瞬间到达目的地，可能实现吗？这已不再是假设了。如今高科技的可靠性是延续成功的要素，就像笔记本电脑提供的作用一样。"湾流" 200 的先进通信设备能使乘客实现在前往目的地的途中不断工作的要求。双通道 DVD 播放器，含有三个听筒的双通道卫星通信系统，外加乘客信息系统，你可以按任务需求和喜好选择设备。

3）你的选择你做主

"湾流"200能提供使乘客灵活享有三款实用性的客舱布局选择，最大化地利用客舱空间为乘客打造更好的多功能作用。除了可提供8～10个宽大豪华舒适的座椅以外，而且，还有内部设计师、工程师及工艺师团队持续地关注品质，关注细节。

4）超值空间，超值享受

"湾流"200拥有一个椭圆形全新概念的透视窗，它的特点是增强视感，拓宽视野，同时让充足的自然光照明客舱。同样重要的是，飞机设计从乘客健康角度考虑到了100%的新鲜空气系统，不再使用循环空气，让乘客得到更健康的飞行体验。

5）物超所值

拥有宽敞舒适的客舱、超凡的有效载荷性能及配置的灵活性、小停机位和低营运成本，所有这些因素都不需要牺牲速度、航程和乘客的舒适愉悦。

### 附表3 "湾流"200型飞机的配置

| 标准配件 | 杂项 | 可选配件 |
|---|---|---|
| 厨房：<br>微波烤箱<br>咖啡器<br>冷热水水槽<br>机外排水冰抽屉<br>小吃、饮料、餐食及其他供应品贮藏小瓶装饮品储藏柜<br>娱乐设备：<br>双DVD播放器<br>废物容器<br>水杯加注器<br>温度及灯光控制面板<br>客舱舒适性：<br>乘客氧气<br>手动遮光板<br>乘客服务装置<br>阅读灯及桌灯<br>旋转通风孔<br>音频系统喇叭<br>客舱总照明灯光<br>备用中央过道地毯<br>登机口及盥洗室<br>侧壁架贮藏箱<br>维修过道滑轨<br>座位：<br>单独座位<br>长沙发椅<br>小桌板<br>（每套单独座位之间有活动宽裕的小桌板）<br>长沙发末端杂物贮藏柜 | 普通锁扣<br>救生衣和救生筏<br>5加仑增压水系统<br>行李架系统<br>主登机门门帘<br>驾驶舱/门廊门帘<br>医疗氧气口及氧气面罩<br>驾驶舱两个110伏插孔<br>驾驶舱内JEPPESEN航图贮藏抽屉<br>VIP座椅位置灯光，娱乐系统和客舱温度总控<br>前客舱隔板15LCD液晶显示监视器<br>AIRSHOW 410乘客飞行信息系统<br>每个乘客座位独立耳机控制<br>两个A／V端口<br>单色触摸遥控器<br>盥洗室：<br>通风孔<br>LED阅读灯<br>氧气面罩<br>乘客广播喇叭（扬声器）<br>盥洗室客舱之间滑门<br>冷热水水槽<br>外部勤务的化学盥洗室<br>带储藏的照明镜子<br>小巧橱柜<br>废物容器<br>洗手液加注器<br>一个110伏插孔 | 以下所列项目属可选项（有的项目需另加费用）<br>飞行记录器（FAR91要求）<br>VHF甚高频空中飞行系统（AFIS）<br>湾流公司提供的瓷器、水晶及餐具包括相配的储藏柜<br>厨房和客舱之间的滑动衣袋门<br>灯光及娱乐系统总控<br>宽大伸腿空间（单独座椅）<br>独立侧壁架插头6.5监视器<br>花岗岩及大理石材质的盥洗室表面<br>双色调喷漆<br>尾部照相机<br>书报架<br>自动油门<br>XM无线电（8通道）<br>高速数据Swift 64<br>10加仑增压水箱系统<br>第二部HF高频<br>拖飞机的Towbar和自带梯<br>木饰面扶手 |

6）验证的性能

自从 1999 年开始服役以来，"湾流" 200 已经证明其优秀性能，最大巡航高度可达13716 米，最远航程性能可达 6667 公里，最快巡航速度可达 0.85 马赫，是世界级跨洲际航程加上超低营运成本的飞机。"湾流" 200 是中型公务机中最佳的选择。

"湾流" 200 驾驶舱装备了 ROCKWELL COLLINS PRO LINE 4 的航空电子系统，改善了情景意识，使每次飞行的安全和整体都有保障。

"湾流" 200 的标配：

①5 个 7.25″×7.25″EICAS 显示屏和系统状态信息。

②优秀系统余度。

——双通道飞行管理系统；

——双通道数字式自动驾驶；

——整体 GPS。

③符合最新国际性要求。

——8.33KHz，RNP 和 RVSM。

④先进的安全设备。

——颠簸探测彩色天气雷达；

——风切变探测 TCASⅡ 和 EGPWS 加强的近地警告系统。

"湾流" 200 使用的是普惠 PW306 双通道数字式 FADEC 高推力发动机，即使在高温和高高度机场，这个高推力比率也能让 "湾流" 200 提供优秀的性能，并且 "湾流" 200 符合严格的噪音限制规定，3 级以下为 20.8dB，4 级以下为 10.8dB。

⑤具有横贯大陆和国际的超级航程。

⑥优秀的有效载荷，可容纳 8 位乘客外加 1400 磅行李。

⑦装有水上飞行安全设备。

7）"湾流" 200 型公务机的豪华内饰

附图 34　"湾流" 200 型公务机豪华内饰（一）

附图 35　"湾流" 200 型公务机豪华内饰（二）

附图 36　"湾流" 200 型公务机豪华内饰（三）

8）"湾流" 200 的三种客舱布局

① "湾流" 200 型公务机的客舱布局（一）：

容纳 8 位乘客；

前部 4 个座位；

后部 4 个座位；

宽敞的过道及行李空间舒适无比。

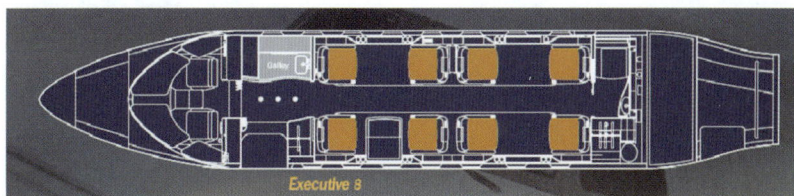

附图 37　"湾流" 200 型公务机的客舱布局（一）

② "湾流" 200 型公务机的客舱布局（二）：

容纳 9 位乘客；

前部 4 个座位；

后部相对长沙发 2 个座位；

一个三人长沙发。

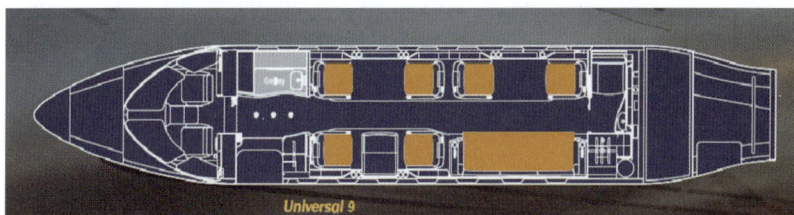

附图 38　"湾流" 200 型公务机的客舱布局（二）

③ "湾流" 200 型公务机的客舱布局（三）：

容纳 10 位乘客；

前部 4 个座位；

后部一组 4 个会议座位；

一个两人沙发。

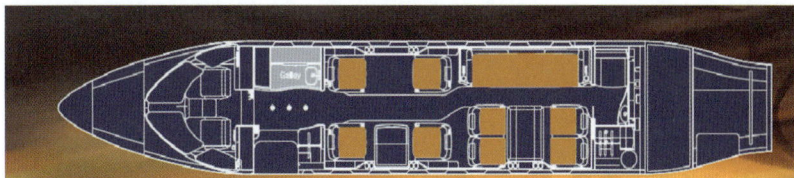

附图 39　"湾流" 200 型公务机的客舱布局（三）

"未来的航空市场——公务机" 的内容来自 http：//www．airnews．cn。

# 参考文献

［1］中国民用航空网 www. ccacmagazine. com

［2］民航资源网 www. carnoc. com

［3］中国民航新闻信息网 www. caacnews. com. cn

［4］民航培训网 www. airlinks. net

［5］民航总局职业技能鉴定指导中心．民航乘务员．民航行业特有工种职业技能鉴定指定培训教材

［6］张丽、谢春讯．客舱设备运行及管理．北京：旅游教育出版社，2007

［7］何佩、刘小红．客舱安全与应急处置．北京：中国民航出版社，2007

［8］国航乘务员培训教材．空客 A320 机型飞行乘务员学习材料